Ursula Nuber hat in ihrem Ratgeber zehn Gebote für Frauen aufgestellt, die Ihr Selbstwertgefühl auf Trab bringen. Als Erstes gilt es – gerade im Job – mit falscher Bescheidenheit aufzuräumen. Streichen Sie den Satz »Eigenlob stinkt« aus Ihrem Wortschatz! Ebenso wichtig ist es, Grenzen zu ziehen: Das Wort »nein« gehört ab sofort in den Sprachgebrauch jeder Frau. Weisen Sie Perfektionismus und das ewig schlechte Gewissen in ihre Schranken, denn sie unterwandern das Selbstwertgefühl. Und schließlich hilft das 10. Gebot »Du sollst dir selbst Gutes tun«, immer wieder einen gesunden Abstand zu den Anforderungen des Alltags zu finden.

Ursula Nuber, geboren 1954 in München, studierte Psychologie. Freie Journalistin u. a. für »Cosmopolitan«. Seit 1983 Redakteurin bei »Psychologie Heute«, seit 1996 stellvertretende Chefredakteurin. Ursula Nuber ist verheiratet und lebt in der Nähe von Heidelberg.
Buchveröffentlichungen: »Depression – Die verkannte Krankheit« (1991), »Die Egoismusfalle« (1993), »Der Mythos vom frühen Trauma« (1995), »Schöner werden wir morgen« (1997), »Die neue Leichtigkeit des Seins« (2003) sowie die Buchreihe »10 Gebote für Frauen«.

Unsere Adresse im Internet: www.fischerverlage.de

Ursula Nuber

Zehn Gebote für starke Frauen

Fischer
Taschenbuch
Verlag

Veröffentlicht im Fischer Taschenbuch Verlag,
einem Unternehmen der S. Fischer Verlag GmbH,
Frankfurt am Main, März 2004

Lizenzausgabe mit Genehmigung des
Scherz Verlages, Bern, München, Wien
© 1999 by Scherz Verlag, Bern, München, Wien
Druck und Bindung: C.H. Beck, Nördlingen
Printed in Germany
ISBN 3-596-16114-2

Inhalt

Einleitung		9
Zehn Gebote für ein gutes Selbstwertgefühl		25
I.	Du sollst stolz auf dich sein	27
II.	Du sollst Grenzen setzen	35
III.	Du sollst Nachsicht mit dir haben	43
IV.	Du sollst nicht ständig ein schlechtes Gewissen haben	53
V.	Du sollst Verantwortung für dein Leben übernehmen	63
VI.	Du sollst nicht alles persönlich nehmen	71
VII.	Du sollst klar und deutlich deine Meinung äußern	79
VIII.	Du sollst dich mit deinen Stärken und Schwächen akzeptieren	93
IX.	Du sollst deinem Erfolg nicht selbst im Weg stehen	101
X.	Du sollst auch dir selbst Gutes tun	113
Schluß		119
Literatur		125

«Jede Sprache hat ein Wort dafür. In Frankreich und französisch sprechenden Teilen der Welt ist es *amour-propre*, die Liebe zum Selbst, in Italien, Portugal und Brasilien ist es *amor proprio*. Für Spanisch Sprechende in aller Welt ist es *buena opinion de si mis-mo*. In Arabisch ist es *al-jtibar al-dhati*, in Hebräisch *haaracha atzmit*, in Jiddisch *selbst gloibn*. *Samouwasenie* ist im Russischen ein einziges Wort, *kujista-hi* in Swahili, und *swavhimani* heißt es in Hindi. Die Chinesen kombinieren das Zeichen für Selbst (*zi* ausgesprochen) mit demjenigen für Schätzung und Respekt (*zun* ausgesprochen) und sagen *zizun*. Doch wie unterschiedlich auch die Wörter sind, die Bedeutung ist die gleiche.»

Gloria Steinem

Einleitung

Jemand bittet Sie, sich selbst zu beschreiben. Nicht Ihr Äußeres, nein, sondern Ihre Eigenschaften und Fähigkeiten, Ihre Schwächen und Stärken. Und er fragt Sie, ob Sie Grund haben, stolz auf sich zu sein. Wie fällt Ihre Beschreibung aus? Sagen Sie: «Ich bin ein ziemlich kluger Mensch, voller Selbstvertrauen und Stärke. Klar, manchmal gelingt etwas nicht so, wie ich es mir vorstelle, aber im großen und ganzen bin ich doch erfolgreich. Es gibt Menschen, die mich sehr mögen, aber ich habe auch Feinde und Neider. Das ist normal. Meine Lebenseinstellung ist grundsätzlich positiv und optimistisch. Stolz? Ja, hin und wieder bin ich schon stolz auf mich.»

Oder beschreiben Sie sich eher so: «Ich bin nichts Besonderes. Meine Leistungen sind nicht überragend, wenn mir mal etwas besonders gut gelingt, dann ist das eben Glück. Andere Menschen bedeuten mir viel, ich tue alles, damit sie mich mögen und zufrieden mit mir sind. Auf mich kann man sich verlassen. Darauf bin ich stolz. Aber sonst? Nein, zu Stolz sehe ich keinen Anlaß. Ich bin eher bescheiden und zurückgezogen. Aufmerksamkeit ziehe ich nicht gerne auf mich. Es drängt mich nicht in den Mittelpunkt.»

Zugegeben, das sind sehr holzschnittartige Beschreibungen. Mag sein, daß keine so recht auf Sie zutrifft. Aber wenn ich Sie frage, zu welcher Sie eher *tendieren*, werden Sie sich wahrscheinlich zuordnen können.

Nichts sagt mehr über Sie aus als Ihr Selbstbild. Dieses Selbstbild entscheidet darüber, ob Sie ein glücklicher, erfolgreicher und psychisch stabiler Mensch sind oder ob Ihnen das Leben eher schwerfällt. Vom Selbstbild hängt es ab, ob sie sich achten, selbstsicher und selbstbewußt sind oder eher unsicher und voller Zweifel. Ihr Selbstbild bestimmt Ihre Handlungen und Ihre Gefühle, es entscheidet über Ihre Erfolge und über Art und Qualität Ihrer Beziehungen. Kurz: Von Ihrem Selbstbild hängt es ab, ob Sie eine «günstige Einschätzung oder Meinung von sich selbst» haben, ob Sie besitzen, wofür – wie Gloria Steinem schreibt – jede Sprache ein Wort hat: Selbstwertgefühl, Selbstachtung, Selbstbewußtsein.

Wenn auch die einzelnen Begriffe kleine Bedeutungsunterschiede haben mögen, in ihrem Kern meinen sie alle dasselbe, nämlich: «daß ich mir meines Wertes sicher bin; daß ich eine bejahende Haltung zu meinem Recht, zu leben und glücklich zu sein habe», es bedeutet, «daß ich mich wohl fühle, wenn ich in angemessener Weise meine Gedanken, Wünsche und Bedürfnisse geltend mache und beinhaltet das Gefühl, daß ich per Geburt ein natürliches Recht auf Freude und Erfüllung habe.»

Was in dieser Definition des amerikanischen Psychotherapeuten Nathaniel Branden sehr einleuchtend klingt, ist für viele Menschen alles andere als selbstverständlich. Viele Menschen gehen davon aus, daß ihre Bedürfnisse und Gefühle im Vergleich zu den Bedürfnissen und Gefühlen anderer weniger zählen. Ihr Blick auf sich selbst ist durch eine «negative Linse» getrübt. Über andere, ja, da wissen sie Gutes zu berichten, sie erkennen die Fähigkeiten ihrer Freunde und Kolleginnen mit Respekt an, sie registrieren genau, was andere leisten. Sagt man aber zu ihnen, daß sie begabt sind, daß sie gute Arbeit geleistet haben, daß sie stolz auf sich sein können, dann reagieren sie schnell mit einem konsequenten «Ja, aber ...» Ja, ich leiste viel, aber ich könnte sicherlich noch mehr schaffen, wenn ich weniger Schlaf bräuchte. Ja, ich war erfolgreich, aber ich habe eben Glück gehabt. Ja, ich weiß schon einiges, aber ein Studium habe ich halt nicht gemacht. Ja, meine Englischkenntnisse sind ganz passabel, aber wenn ich ehrlich bin, reicht es nur zum Small talk. Ja, aber ... Ertappt? Gehören auch Sie zu den Menschen, die an sich selbst nicht viel Positives entdecken können? Passiert es Ihnen immer wieder, daß Sie Ihr Licht unter den Scheffel stellen? Erzählen Sie anderen ausführlich, was Sie *nicht* können, verlieren aber nur wenig Worte über das, was Sie beherrschen? Wenn das der Fall ist, dann werden Sie sich wahrscheinlich eher in der zweiten – negativen – Version der beiden Selbstbeschreibungen wiederfinden als in der ersten, positiven. Und sehr wahrscheinlich werden Ihnen die folgenden Denkmuster sehr bekannt vorkommen:

1. «Andere wissen, wie dumm ich bin»
Schon eine unbedeutende Bemerkung anderer kann Sie in Ihrem Innersten erschüttern. Unterläuft Ihnen zum Beispiel beim Autofahren ein Fehler – sagen wir, Sie übersehen ein Vorfahrtsschild – und ein Fußgänger beschimpft Sie in übler Weise als «blöde Kuh», die ihre Augen aufsperren soll, dann kann diese Unhöflichkeit Sie in Ihrem Innersten erschüttern. Statt den schimpfenden Fußgänger als Grantler abzutun und ihn zu ignorieren, quälen Sie sich mit Selbstvorwürfen herum. Wenn Sie ein schwaches Selbstwertgefühl haben, kann schon belanglose Kritik Ihnen gründlich die Stimmung verderben. Der grundlegende Denkfehler, der dahintersteckt: Andere sehen mir an, daß mit mir nicht viel los ist.

2. «Ich tauge nichts»
Läuft irgend etwas in Ihrem Leben nicht so, wie Sie es sich vorgestellt haben – und mag es sich nur um eine Kleinigkeit handeln –, dann neigen Sie dazu, das Geschehene sofort zu verallgemeinern. «Nie gelingt mir etwas», «Immer bin ich so unaufmerksam», «Niemand mag mich». Sie betrachten das Ereignis nicht als einzelnes, sondern sehen es als Symptom für Ihre grundsätzliche Unfähigkeit.

3. «Y ist viel klüger, viel schöner, viel beliebter als ich»
Wenn Sie bei sich selbst keinen guten Ruf haben, dann neigen Sie wahrscheinlich auch dazu, sich ständig mit anderen Menschen zu vergleichen. Mit den überschlanken

Models in den Magazinen, mit dem Freund, dem das Leben scheinbar um so vieles besser gelingt, mit dem Kollegen, der in Sitzungen viel beeindruckendere Statements abgibt ... Kaum jemals kommen Sie in die Gefahr, sich mit einer Person zu messen, die Ihnen in gewissen Dingen unterlegen ist. Mit selektiver Aufmerksamkeit konzentrieren Sie sich ausschließlich auf das, was Ihnen an anderen so ungemein positiv auffällt. Selbstwertschwache Menschen haben ein ideales Bild von sich selbst, eine sehr genaue Vorstellung, wie sie sein sollten. Sobald sie realisieren, daß sie ihre selbstgesteckten Ziele nicht erreichen, und zudem glauben, daß dies anderen sehr viel besser gelingt, sinkt ihr Selbstwertgefühl.

4. «Das ist nicht gut genug»
Perfektionszwang ist ein ganz typisches Merkmal selbstwertschwacher Menschen. Nur wenn sie eine Aufgabe absolut perfekt erledigen, sind sie mit sich zufrieden. Doch wem gelingt das schon? Wenn überhaupt, dann ist Perfektion ein äußerst seltenes Phänomen. Das Fatale daran: Personen mit einem schwachen Selbstwert sind blind für ihre Erfolge. Sie sehen nur jene 10 Prozent, die möglicherweise zur Perfektion fehlen, die guten 90 Prozent sind für sie nicht viel wert.

5. «Wahrscheinlich geht sowieso wieder alles schief»
Katastrophisieren nennt die Psychologie diesen Denkfehler, der fast immer bei selbstwertschwachen Menschen anzutreffen ist. Schon ein winziger Fehler, ein klei-

ner Mißerfolg wird dann zum «Elefanten». Ist einmal etwas schiefgegangen, wird es beim nächsten Mal erst recht nicht gelingen. Katastrophisieren hat in der Tat katastrophale Auswirkungen: Dieser Denkfehler führt dazu, daß sich der Betreffende immer weniger zutraut, den Mut verliert, Neues anzupacken, und nach Möglichkeit jedes Risiko, sei es noch so klein, vermeidet.

6. «Ach, das ist doch nichts Besonderes»
Wenn das Selbstwertgefühl schwach ausgeprägt ist, dann fällt es sehr schwer, von anderen ein Lob anzunehmen. Erwähnt Ihnen gegenüber jemand, daß ihm Ihr Kleid gefällt, winken Sie ab und sagen: «Ach, das ist schon alt.» Spricht eine Person anerkennend über Ihre Leistung, meinen Sie: «Das hätte doch jeder andere genausogut gemacht.» Oder Sie verweisen darauf, daß Sie eben Glück gehabt hätten. Sie sind unfähig, sich über ein Lob zu freuen; sehr viel «begabter» sind Sie dagegen, wenn es um Kritik geht. Kritische Bemerkungen akzeptieren Sie bereitwillig, Kritik paßt sehr viel besser in Ihr Selbstbild als Lob.

Wenn Sie sich in diesen Denkmustern wiedererkannt haben, dann können Sie sicher sein: Sie haben einen guten Eindruck von sich selbst.

Sie leiden unter Ihren Selbstzweifeln und bewundern Menschen, die voller Sicherheit und weitgehend unangefochten von Ängsten und Befürchtungen durchs Leben gehen. Wie schaffen die es nur, fragen Sie sich, so gewandt und selbstsicher aufzutreten? Können diese Menschen wirklich mehr als Sie? Sind sie klüger, wagemutiger, ideenreicher? Oder handelt es sich ganz einfach um Glückskinder, denen das Leben leichter fällt als Ihnen? Glückskinder sind sie nicht. Aber ganz sicher fällt ihnen das Leben leichter, weil sie bei sich selbst einen Stein im Brett haben. Sie sind stolz auf ihre Fähigkeiten, sie trauen sich was zu und lassen sich von Niederlagen und Fehlschlägen nicht leicht aus der Bahn werfen.

Sind Sie also selber schuld, wenn Sie mit sich selbst nicht so glücklich sind? Sind Ihnen Ihre Selbstzweifel gar in die Wiege gelegt worden, und müssen Sie sich mit einem schwachen Selbstwertgefühl abfinden? Was ist dafür verantwortlich, daß manche Menschen vorwiegend positive, ihr Ich stärkende Selbstüberzeugungen besitzen, während andere von Zweifeln gequält werden?

Es sind im wesentlichen zwei Faktoren, die für die Entwicklung des Selbstwertgefühls von großer Bedeutung sind:
- die Erziehung
- die Geschlechtszugehörigkeit

Faktor 1: Erziehung
Grundsätzlich entwickelt sich unser Bild von uns selbst ein Leben lang. Es kann gut sein, daß wir im Laufe der Zeit, wenn wir älter werden, positiver von uns denken als in jungen Jahren – oder umgekehrt. Allerdings kann ein Mensch, der bereits als Kind ein stabiles Selbstwertgefühl entwickeln konnte, in späteren Jahren nicht mehr so grundlegend in

seinem Selbstbild erschüttert werden wie eine Person, die schon in der Kindheit erfahren mußte: «Ich bin nicht viel wert.»

Wovon genau hängt es ab, damit ein Mensch ein gutes Selbstwertgefühl entwickelt? Die Psychologie hat darauf klare Antworten gefunden:

1. Bedingungslose Liebe in den ersten Lebensjahren
Äußerst wichtig für die Entwicklung eines stabilen Selbstwertes ist es, daß ein Kind von seinen Eltern oder ersten Bezugspersonen geliebt und angenommen wird. Eltern, die ihre Zuwendung und Liebe an Bedingungen knüpfen («Du bist Mamas Liebling, aber nur wenn du brav bist, wenn du schön schläfst, wenn du deinen Spinat aufißt . . .»), die ein Kind spüren lassen, daß es eine Last oder gar unerwünscht ist – solche Eltern verhindern, daß das Kind ein klares Selbstverständnis für sich entwickelt. Es glaubt, es habe nur dann ein Recht, auf der Welt zu sein, wenn es den Erwartungen der Erwachsenen gerecht wird.

2. Die Überzeugung, kompetent zu sein
Wenn Eltern und Erziehung einem Kind wenig zutrauen, wenn sie es gängeln und bevormunden, es auf seine Fehler hinweisen, seine Erfolge aber ignorieren, dann wird das Kind schon früh Selbstzweifel entwickeln. Es wird nicht daran glauben, daß es selbst etwas bewirken kann, es wird wenig wagen, es wird in erster Linie das Risiko des Scheiterns sehen und nur selten, wenn überhaupt, das Glück ken-

nenlernen, das in einer gemeisterten Herausforderung liegt. Ein Kind, das selten Ermutigung erfährt, häufiger kritisiert als gelobt wird, kann kein Gefühl für die eigene Kompetenz entwickeln.

3. Ein gesunder Realismus
Amerikanische Psychologen haben herausgefunden: Eltern tun ihrem Kind keinen Gefallen, wenn sie es idealisieren. Loben sie es beispielsweise ständig für seine Intelligenz, dann wird das Kind möglicherweise in seinen schulischen Leistungen nachlassen, weil es denkt, daß Intelligenz alleine für den Erfolg ausreicht. Übermäßiges Lob verhindert, daß das Kind sich realistisch einschätzen lernt. «Wenn Sie die Intelligenz eines Kindes loben, stärken Sie damit nicht sein Selbstwertgefühl», warnt die amerikanische Psychologin Carol S. Dweck, die an der amerikanischen Columbia-Universität die negative Wirkung von Lob auf intelligente Kinder festgestellt hat. Gleiche Folgen hat ständige Kritik. Wenn ein Kind das Gefühl hat, daß es seinen Eltern nichts recht machen kann, wird es nicht wissen, was eigentlich «normal» ist. Die Wahrscheinlichkeit ist dann groß, daß es sich zum Perfektionisten entwickeln wird, weil es glaubt, daß nur hundertprozentige Leistung zufriedenstellend ist. Fehlt die Fähigkeit zur realistischen Selbsteinschätzung, kann ein Mensch kein stabiles Selbstwertgefühl entwickeln.

4. Stabile Werte

Bekommen wir als Kind ein stabiles Wertesystem vermittelt, lernen wir, was «falsch» und «richtig», «gut» und «schlecht» ist, sind wir vor allzu großen Verunsicherungen geschützt. Später, wenn wir dann selbst entscheiden müssen, sind diese früh erfahrenen Werte ein Leitsystem, das uns die Gewißheit gibt: Das ist richtig, was ich tue. Versäumen es die Eltern, ihrem Kind grundlegende Werte mit auf den Weg zu geben, kennt es später als Erwachsener seinen Standort und oftmals seinen Standpunkt nicht. Das verunsichert in Entscheidungssituationen und gibt das Gefühl, nicht «richtig» zu sein.

Ein gesundes Selbstwertgefühl steht also auf vier Beinen:
1. der Erfahrung «Ich werde geliebt, so wie ich bin»,
2. der Überzeugung «Ich kann etwas»,
3. dem Wissen «Das sind meine Stärken, das sind meine Schwächen», und
4. der Urteilsfähigkeit «Das ist richtig, und das ist falsch».

Faktor 2: Die Geschlechtszugehörigkeit

Je früher Sie diese «vier Beine» erwerben, um so besser für Ihr Selbstbild. Wie zahlreiche Forschungsarbeiten belegen, werden aber vor allem Mädchen diese vier, für das Selbstwertgefühl so wichtigen Erfahrungen vorenthalten. Die Erziehung des Mädchens ist nur selten so beschaffen, daß es ein Gefühl für die eigene Kompetenz und Kraft entwickeln kann. Je älter es wird, desto mehr verliert es den Glauben an sich selbst, wie verschiedene Studien übereinstimmend belegen. Eine amerikanische Untersuchung mit 3000 Jugendlichen fand heraus: In der Grundschule interessieren sich noch 81 Prozent der Mädchen und 84 Prozent der Jungen für Mathematik. Doch auf der Highschool zeigen sich deutliche Unterschiede: Jetzt sind nur noch 61 Prozent der Mädchen im Vergleich zu 72 Prozent der Jungen für Mathematik zu begeistern.

Auch die Psychologin Jacquelynne Eccles von der *University of Colorado* konnte in zwei Längsschnittstudien nachweisen, daß das mangelnde Interesse an naturwissenschaftlichen Fächern und Mathematik bei Mädchen nicht von Anfang an vorherrscht, sondern sich erst mit zunehmender schulischer Erfahrung breitmacht. Der Grund für diesen Geschlechtsunterschied liegt für Eccles nicht in angeborenen Begabungsunterschieden, sondern im mangelnden Selbstbewußtsein der Mädchen. Zu Beginn ihrer schulischen Karriere unterscheiden sich Mädchen und Jungen nicht in ihren mathematischen Leistungen. Doch im Gegensatz zu den Schülern haben die Schülerinnen kein Vertrauen in das eigene Können. Trotz gleich guter Noten glauben sie nicht an ihre Fähigkeiten, was langfristig dann zu schlechteren Leistungen und zu einer Ablehnung mathematischer und naturwissenschaftlicher Fächer führt. Für dieses geringe Selbstwertgefühl macht Jacquelynne Eccles vor allem das Verhalten der Eltern verantwortlich. Gefragt nach den schulischen Leistungen ihrer Sprößlinge, verweisen Eltern auf das *Talent* ihrer Söhne, während Töchter nach Ansicht ihrer Erzeuger ihre guten Noten durch *Fleiß* erarbeitet haben.

Diese Unterschiede in der elterlichen Einschätzung konnten auch deutsche Wissenschaftlerinnen nachweisen, wie Anita Heiliger vom Deutschen Jugendinstitut bestätigt: «Gute Leistungen verhelfen Mädchen zu keinem Selbstbewußtsein, denn: sie übernehmen die allgemeine Einstellung, daß sie nur gut sind, wenn sie brav und fleißig waren, nicht weil sie intelligent sind.»

Wie früh diese unterschiedliche elterliche Bewertung der kindlichen Fähigkeiten einsetzt, zeigt eine Studie amerikanischer Sozialwissenschaftler: Selbst wenn beide Eltern in hochqualifizierten Berufen tätig sind und in ihrer Partnerschaft Gleichberechtigung praktizieren, profitieren in erster Linie die Söhne davon. Väter wie Mütter schenken ihnen mehr Aufmerksamkeit als den Töchtern, gehen ausführlicher auf ihre Fragen ein und fördern sie intellektuell. Eine Fortsetzung findet dies dann in der Schule. Immer noch behandeln Lehrer und Lehrerinnen ihre Schülerinnen anders als die Schüler. Verschiedene Studien zeigen: Schüler erhalten für die Lösungen einfacher Aufgaben mehr Lob als Mädchen, Jungen fordern von den Lehrkräften mehr Aufmerksamkeit als Mädchen und bekommen sie auch.

Das geringe Selbstwertgefühl der Mädchen beschränkt sich jedoch nicht nur auf ihre schulischen Leistungen, sondern beeinflußt alle Lebensbereiche. Etwa um das 10. Lebensjahr herum kommt es zu einem Bruch in der Entwicklung von Mädchen. Bis zu diesem Alter können keine Unterschiede im Selbstbewußtsein von Jungen und Mädchen beobachtet werden: Mädchen und Jungen sind gleichermaßen zufrieden mit sich und der Welt, sie sind lebensbejahend und zuversichtlich. Doch ab dem 10. Lebensjahr wird die Kluft zwischen den Geschlechtern immer größer. Wenn Mädchen in die Pubertät kommen, finden sie sich immer weniger «in Ordnung». Sie halten sich für «nicht gut genug» und meinen damit nicht nur ihre schulischen Leistungen, sondern auch ihr Aussehen. Diese negative Entwicklung von Mädchen bestätigt unter anderem eine Studie, die an der Universität Bielefeld durchgeführt wurde. Über einen Zeitraum von vier Jahren hinweg wurden 1700 Jungen und Mädchen im Alter zwischen 12 und 14 Jahren befragt. Auch die deutschen Mädchen haben danach ein geringeres Selbstbewußtsein als Jungen. Sie glauben, daß andere sie für «überflüssig» halten, und möchten gerne anders sein. Unzufriedener als die Jungen sind die Mädchen auch mit ihrem Gesundheitszustand, und sie reagieren auch tatsächlich eher mit körperlichen oder psychischen Symptomen auf Streßsituationen. Häufiger als die Jungen klagen Mädchen über Kopfschmerzen, Nervosität, Schwindelgefühle, Schlaflosigkeit, Magenbeschwerden, Konzentrationsstörungen, Herzrasen. Kein Wunder, daß sie auch häufiger als Jungen zu Medikamenten greifen.

Für Wissenschaftlerinnen wie Anita Heiliger belegen all diese übereinstimmenden Daten, daß Mädchen immer noch weniger gelten als Jungen. Wenn Mädchen in die Pubertät kommen, dann spüren sie, «daß sie minderbewertet werden, daß sie verfügbar zu sein haben und angemacht werden dürfen – auf der Straße, in der Schule, in der Familie, überall. Sie bekommen ständig zu spüren, daß nicht sie es sind, die die Werte bestimmen, sondern daß das ein Vorrecht des männlichen Geschlechts ist.» Gerade zu Beginn der Pubertät wird Mädchen ganz klar gezeigt, was von ihnen erwartet wird, was ihre Geschlechtsrolle ist. So ist es fast eine zwangsläufige Entwicklung, wenn das Selbstwertgefühl von Mädchen nach dem 10. Lebensjahr so dramatisch abnimmt. «Sie können ja gar keine positive Identität gewinnen, wenn ihnen immer vermittelt wird, daß sie für alle zu funktionieren haben, daß andere bestimmen, ob sie schön sind oder nicht. Das ist der Anpassungsmechanismus: Wenn du funktionierst, wirst du als gut und schön bezeichnet, funktionierst du nicht, bist du unweiblich. Und als unweiblich will auch heute noch kein Mädchen gelten.»

Daß Mädchen in der Pubertät in einen großen Konflikt geraten, bestätigt auch die amerikanische Psychologin Carol Gilligan: «Wir wissen, daß Mädchen bis zum Alter von etwa 10 oder 11 Jahren fest zu ihren Gefühlen und ihrem Wissen stehen. Doch bereits ein, zwei Jahre später fangen sie an ‹Ich weiß nicht› zu sagen. Nichtwissen ist ein Weg, um Konflikte zu bewältigen», sagt Gilligan. Der Konflikt besteht darin, daß sie, wenn sie sich weiter zu ihren Gefühlen und ihren Fähigkeiten bekennen, nicht den Erwartungen der Umwelt entsprechen. Um diesen Konflikt nicht aushalten zu müssen, «verleugnen sie ihre Gefühle und Erfahrungen oder schieben sie als wertlos beiseite. Die Mädchen hängen sich einen Maulkorb um».

Die Auswirkungen dieses «Maulkorbes» sind fatal: Was früh in der Pubertät begann, ist auch später im Leben der erwachsenen Frau noch sichtbar: mangelndes Selbstvertrauen, Selbstzweifel, Selbstunsicherheit. Frauen sind häufig schon so an diese negativen Gefühle gewöhnt, daß sie sie für ihre «Natur» halten. Viele resignieren und glauben «Ich bin nun mal so, da kann man nichts ändern». Andere versuchen, sich das Leben zu erleichtern, indem sie ihren Eigenschaften etwas Positives abgewinnen: «Ich stehe nicht gerne im Mittelpunkt. Sollen andere sich ruhig in die erste Reihe stellen, mir liegt das nicht. Mir liegt nichts an äußeren Erfolgen.» Doch das eine ist so falsch wie das andere: Niemand muß sich mit einem schwachen Selbstwertgefühl abfinden. Man kann durchaus die Defizite der eigenen Entwicklung im späteren Leben auffüllen. Und niemand wird wirklich glücklich und zufrieden, wenn er sich ständig bescheiden zurücknimmt.

Wichtig für selbstwertschwache Menschen ist es zu wissen, daß sie nicht mit dieser Eigenschaft geboren wurden, sondern durch ihre Erziehung, ihre Umwelt, durch gesellschaftliche Werte so geworden sind. Wer erkennt, daß der «Maulkorb» eine Reaktion auf Zuschreibungen und Zumutungen ist, der kann ihn auch wieder ablegen. Niemand ist dazu verurteilt, mit gebremster Kraft durchs Leben zu fahren, immer im zweiten Glied zu stehen, aus lauter Vorsicht und Selbstzweifel lieber die zweite als die erste Geige zu spielen, anderen – bescheiden und selbstlos – den Vortritt zu lassen, seine eigenen Bedürfnisse zugunsten anderer zu verleugnen und Konflikten – um des lieben Friedens willen – auszuweichen.

Wenn Sie mehr aus Ihrem Leben machen wollen, wenn Sie von der Standspur auf die Überholspur wechseln wollen, wenn Sie es satt haben, daß andere, die sehr viel weniger können und leisten als Sie, lorbeerbekränzt nach Hause gehen, während Sie mal wieder leer ausgehen – dann hören Sie die gute Nachricht: **Ein schwaches Selbstwertgefühl ist nicht Schicksal.** Beides ist veränderbar. Es liegt in Ihrer Macht, ein realistischeres – und damit positiveres – Bild von sich selbst zu bekommen.

Wahrscheinlich mußten auch Sie als Kind die biblischen «10 Gebote» auswendig lernen. Diese Gebote sollten Ihnen helfen, ein gott-, gesellschafts- und elterngefälliges Leben zu leben: «Du sollst dir kein Gottesbildnis machen; Du sollst Vater und Mutter ehren; Du sollst nicht töten; Du sollst nicht ehebrechen . . .» Die «10 Gebote für starke Frauen» dienen keinen erhabenen Werten, keinem Gott und auch nicht anderen Menschen. Diese «Gebote» dienen nur Ihnen selbst: Sie verändern das Bild, das Sie von sich selbst haben, sie verändern Ihr Denken, Fühlen und Handeln. Kurz: Sie verhelfen Ihnen zu einem starken Selbst. Grund genug, diese Gebote ebenfalls auswendig zu lernen!

Zehn Gebote für ein gutes Selbstwertgefühl

I. Du sollst stolz auf dich sein

II. Du sollst Grenzen setzen

III. Du sollst Nachsicht mit dir haben

IV. Du sollst nicht ständig ein schlechtes Gewissen haben

V. Du sollst Verantwortung für dein Leben übernehmen

VI. Du sollst nicht alles persönlich nehmen

VII. Du sollst klar und deutlich deine Meinung äußern

VIII. Du sollst dich mit deinen Stärken und Schwächen akzeptieren

IX. Du sollst deinem Erfolg nicht selbst im Weg stehen

X. Du sollst auch dir selbst Gutes tun

I.

Du sollst stolz auf dich sein

«Eigenlob stinkt», sagt der Volksmund. Und schon als Kind haben Sie gelernt, daß «Bescheidenheit eine Zier» ist. Der zweite Teil dieser Botschaft «... doch weiter kommt man ohne ihr», wurde Ihnen jedoch meist verschwiegen. Und so versuchen Sie, möglichst bescheiden und zurückhaltend zu sein, sich selbst nicht zu loben und auf keinen Fall mit den eigenen Leistungen zu prahlen. Schließlich wollen Sie sich nicht vorwerfen lassen, Sie seien ein «Wichtigtuer» oder eine «Angeberin». Mögen andere ruhig für sich trommeln, Ihre Art ist dies nicht. Die anderen werden schon merken, wie gut Sie sind, so Ihre stille Hoffnung. Irgendwann wird der Vorgesetzte Ihren Einsatz sehen und belohnen, werden Ihre Talente den Respekt finden, den Sie sich wünschen. Aber diese Hoffnung trügt. Während Sie bescheiden in der Warteposition verharren, ziehen andere an Ihnen vorbei, deren Qualitäten weit unter den Ihren liegen. Weil Anerkennung, Dankbarkeit und Erfolg ausbleiben, zweifeln Sie irgendwann an Ihrem eigenen Können. Einen Zusammenhang zwischen Ihrer Bescheidenheit und der mangelnden Anerkennung sehen Sie meist nicht.

Und doch ist Ihre falsche Bescheidenheit verantwortlich

dafür, daß Sie Ihren eigenen Wert nicht kennen. Weil Sie nicht stolz auf sich und Ihre Fähigkeiten sein können, bekommen Sie auch von anderen nicht die Anerkennung, die Ihnen eigentlich zusteht. «Nur mit Jesus-Qualitäten kommen Sie nicht weiter», erklärt Kirstin Schönfeld, die in Berlin eine Karriereberatungsfirma leitet. «Viel Scheu vor der Selbstdarstellung» hat die Soziologin Doris Hartmann als größten Stolperstein auf dem Weg nach oben ausgemacht. Und die Autorin und Karriere-Beraterin Sabine Asgodom ergänzt: «Gerade Frauen finden es oft widerlich, wie die anderen sich nach oben taktieren.»

Als Gerhard Schröder vor vielen Jahren als junger Abgeordneter am Zaun des Kanzleramtes rüttelte und rief: «Ich will da rein», haben die Medien in der Folge über diese Szene immer leicht amüsiert berichtet. Am 27. September 1998 hat er die Bundestagswahl gewonnen und damit sein früh formuliertes Wunschziel erreicht, wie die Medien nun in ihrer Berichterstattung erstaunt und zugleich respektvoll konstatieren müssen. Der neue Bundeskanzler Gerhard Schröder ist ein Mann, der weiß, was er kann und was er will. Und der kein Problem damit hat, die Öffentlichkeit an diesem Wissen teilhaben zu lassen. Wer sein Selbstwertgefühl stärken will, kann von einem Mann wie Schröder viel lernen. Zum Beispiel, daß man auch ohne abstoßende Angeberei auf seine Qualitäten aufmerksam machen und damit andere Menschen positiv beeindrucken kann. Gerhard Schröder besitzt etwas, das der amerikanische Psychotherapeut Nathaniel Branden «authentischen Stolz» nennt. «Authentischer Stolz hat nichts mit Prahlen, großtuerischem Gehabe oder Arroganz zu tun. Er hat eine völlig andere Wurzel. Seine Quelle ist nicht Leere, sondern Befriedigung. Er ist nicht darauf aus, etwas zu beweisen, sondern zu genießen. . . . Stolz ist die emotionale Belohnung für Leistung. Stolz ist kein Laster, das überwunden werden muß, sondern ein erstrebenswerter Wert.»

Wie schwer es selbstwertschwachen Menschen fällt, stolz auf sich zu sein, belegt eine Studie, die mit amerikanischen Studenten und Studentinnen durchgeführt wurde. Die Studierenden sollten schriftlich ein Ereignis schildern, bei dem sie jemandem eine große Freude bereitet hatten. Zuvor waren sie in einem Persönlichkeitstest als «selbstwertstark» oder als «selbstwertschwach» identifiziert worden. Interessantes Ergebnis: Die Stärke des Selbstwertgefühls beeinflußte die Erzählungen deutlich. Personen mit hohem Selbstwert schilderten Situationen, in denen sie aufgrund ihrer *Kompetenz* anderen eine Freude bereitet hatten («Eltern freuten sich über gute Noten»). Selbstwertschwache erinnerten dagegen häufiger Erlebnisse, bei denen sie anderen Menschen geholfen hatten. Sie betonten ihren *Altruismus*, während die Selbstwertstarken ihre Fähigkeiten in den Mittelpunkt stellten.

Auch in einer Folgestudie konnte die Bescheidenheit der Selbstwertschwachen belegt werden. 40 amerikanische Studentinnen wurden gebeten, ihre Eigenschaften mit denen ihres Partners zu vergleichen. Einem Teil der Befragten wurde gesagt, ihre Schilderungen seien anonym; andere erhielten die Mitteilung, ihr Vergleich würde anschließend in der Gruppe vorgelesen.

Grundsätzlich beschrieben die Frauen ihre Partner eher positiv, mit Ausnahme der selbstwertstarken Frauen in der Gruppe, deren Aussagen öffentlich gemacht werden sollten: Sie werteten sich selbst im Vergleich zum Partner auf: «Er ist klug, aber ich bin klüger.» Selbstwertschwache Frauen dagegen beschrieben sich in der anonymen Bedingung positiver, ließen aber dem Partner höflich und bescheiden den Vortritt, wenn sie damit rechneten, daß ihre Bewertung öffentlich gemacht wird.

Wie die beiden Studien weiter zeigen, zahlen die Selbstwertschwachen einen hohen Preis für ihren Altruismus und ihre Bescheidenheit: Zwar waren sie häufig beliebter bei ihren Mitmenschen als die selbstbewußten Studierenden (kein Wunder, bescheidene Mitmenschen sind bequeme Mitmenschen!). Doch sehr viel häufiger als die Selbstwertstarken litten sie an Selbstzweifeln und depressiven Verstimmungen.

Wenn auch Sie zu den Menschen gehören, die sich unauffällig und bescheiden im Hintergrund halten und die Nase rümpfen, wenn andere sich selbst stolz auf die Schulter klopfen, sollten Sie in Ihrem eigenen Interesse Ihr Verhalten überdenken. Wenn Sie glauben, daß Ihr Können und Ihre Leistungen mehr Respekt verdienen, und wenn Sie die mysteriöse Niedergeschlagenheit und Mutlosigkeit, die Sie regelmäßig überfallen, loswerden wollen, dann führt kein Weg daran vorbei: Sie müssen lernen, stolz auf sich selbst zu sein. Nur wer stolz auf sich sein kann, wird erreichen, daß seine Qualitäten von anderen nicht mehr länger übersehen werden.

Beginnen Sie damit: Streichen Sie den Satz «Eigenlob stinkt» und viele andere, die aus ihm resultieren, aus Ihrem Wortschatz. Nehmen Sie sich vor, nie wieder zu sagen «So was kann doch jeder», oder «Dafür werde ich schließlich bezahlt». Löschen Sie in Ihrem Gehirn Gedanken wie «Irgendwann werden die anderen schon meine Leistung anerkennen» oder «Peinlich, auf eigene Erfolge aufmerksam machen zu müssen». Erkennen Sie folgende Tatsache an: Wenn Sie sich selbst nicht loben, tut es auch niemand anderer. Trommeln gehört zum Handwerk.

Sie haben viel Kraft und Ideen in eine Sache gesteckt? Lassen Sie es andere wissen! Sie sind gelobt worden? Sprechen Sie darüber! Sie leisten mehr als andere? Sagen Sie es Ihrem Vorgesetzten! Sie hatten in letzter Zeit viele gute Ideen? Dokumentieren Sie Ihre Kreativität! Sie kennen wichtige und interessante Menschen? Prahlen Sie ruhig damit!

Allein der Gedanke, das alles zu tun, berührt Sie peinlich? Dann ist es höchste Zeit gegenzusteuern. Mag sein, daß Sie bislang Ihre männlichen Kollegen verachtet haben, wenn diese mit ihren «prima Connections», ihren «brutal vielen Überstunden» oder ihren «Superideen» geprotzt haben. Aber wenn Sie ehrlich sind: Diesen Kollegen wird zugehört, deren Image nimmt durch das Selbstlob keinen Schaden. Und außerdem: Sie müssen diese «Angeber» ja nicht imitieren. Sie können auf Ihre Fähigkeiten auch ohne «Pfauengehabe» aufmerksam machen.

Falls Sie noch eine blutige Anfängerin in Sachen Selbststolz sind, sollten Sie zunächst ganz für sich eine Übung durchführen: Machen Sie Werbung in eigener Sache. Schreiben Sie auf, welche positiven Eigenschaften und Qualitäten Sie an sich selbst schätzen (auf mindestens fünf sollten Sie schon kommen!). Zum Beispiel: «Ich bin kreativ», «Ich bin verläßlich», «Ich kann gut verhandeln», «Ich gebe nicht schnell auf», «Ich kenne mich gut in der deutschen Literatur aus . . .» Wenn Sie diese Liste erstellt haben, bauen Sie sich vor dem Spiegel auf und lesen sich laut und deutlich vor, was Sie aufgeschrieben haben. Das kommt Ihnen albern vor? Wenn Ihnen unwohl bei dieser Übung ist, dann zeigt das, daß Sie es nicht gewöhnt sind, sich selbst zu loben. Erst wenn Sie sich ohne Schamgefühl im stillen Kämmerlein loben können, gelingt dies auch «draußen».

Sobald Sie vor sich selbst nicht mehr vor Scham erröten, wenn Sie sich loben, können Sie das Geübte mit anderen Menschen vertiefen. Zum Beispiel mit Ihrem Partner: Warten Sie nicht, bis er endlich registriert, daß die Wohnung blitzblank geputzt ist, und Sie dafür bewundert, daß Sie auch noch ein tolles Abendessen gezaubert haben. Ergreifen Sie die Initiative, und loben Sie sich selbst: «Ich bin stolz auf mich heute. Heute habe ich wirklich viel geschafft. Und dann ist mir auch noch das Essen so gut gelungen!» Und wenn Sie das nächste Mal ein Projekt erfolgreich abgeschlossen haben, dann lassen Sie es Ihre Kollegen und Vorgesetzten wissen, daß Sie zufrieden mit sich sind. Gerade am Arbeitsplatz gilt: Erwarten Sie nicht, daß der Chef, die Chefin Ihre Qualitäten entdeckt. Nutzen Sie günstige Gelegenheiten, um auf ein gelungenes Projekt, einen Verbesserungsvorschlag oder eine interessante Idee aufmerksam zu machen.

Damit dies wirklich gelingt, sollten Sie auf Ihre Wortwahl achten. Wirklich glaubwürdig wirkt nur ein Selbstlob, das «klotzt» und nicht «kleckert». Anders ausgedrückt: Wenn Sie auf eine Leistung hinweisen, müssen Sie aufpassen, daß Sie nicht vor lauter Angst, überheblich oder arrogant zu wirken, Ihren Erfolg schmälern. Machen Sie sich nicht kleiner, als Sie sind, indem Sie zum Beispiel einen guten Vorschlag einleiten mit den Worten «Wahrscheinlich sage ich Ihnen nichts Neues . . .» oder einen großen Erfolg mit der Bemerkung abtun «Das hätte jemand anderer auch gekonnt» oder gar das «Glück» ins Spiel bringen. Wenn Sie etwas wirklich gut gemacht haben, dann dürfen die anderen ruhig erfahren, daß das nicht den glücklichen Umständen zu verdanken ist, sondern Ihrem Können und Wissen. Und Sie können ganz beruhigt sein: Wenn Sie selbstbewußt sagen können «Ich bin gut», «Ja, das ist mir wirklich gelungen» oder auch «Danke für das Kompliment: Ich weiß, was mir steht», wird Sie das keine Sympathien kosten – im Gegenteil. Nur wenn Sie Vertrauen in sich selbst setzen, bringen andere Ihnen Vertrauen entgegen. Nur wenn Sie an sich selbst glauben, glauben auch andere an Sie.

Und noch etwas: Selbstverständlich wird es immer wieder mal passieren, daß Ihnen etwas nicht gut gelingt. In solchen

Situationen sollten Sie der Versuchung widerstehen, den Fehler an die große Glocke zu hängen. Eigenartigerweise können selbstwertschwache Menschen nämlich nicht über ihre Erfolge, aber sehr eloquent über ihre Mißerfolge sprechen. Wenn es nur irgendwie möglich ist, sollten Sie schweigen wie ein Grab, wenn etwas schiefgelaufen ist. Weisen Sie andere zu häufig und zu bereitwillig auf Ihre Schwächen hin, dann bauen Sie ein Verlierer- und kein Gewinnerimage auf. Pleiten, Pech und Pannen sollten nur mit wirklich vertrauten Personen besprochen werden. In der Öffentlichkeit gilt: Das Gelungene betonen und nicht aus überzogener Ehrlichkeit auf – vorhandene oder eingebildete – Schwachpunkte hinweisen. Je öfter Ihnen dies gelingt, desto stärker wird Ihr Selbstwertgefühl. Garantiert.

II.

Du sollst Grenzen setzen

Zunächst ein kleiner Test: Nehmen Sie ein Blatt Papier, und teilen Sie die Seite in zwei Spalten. Schreiben Sie oben auf die Seite den Namen einer Person, für die Sie in jüngster Zeit sehr viel getan haben. In die linke Spalte tragen Sie genau ein, was Sie für diese Person geleistet haben – freiwillig oder auf Anforderung. Hinter jeder «Tat» vermerken Sie mit einem «F», ob Sie Ihre Unterstützung gerne und mit Freude gewährt haben; mit einem «W» markieren Sie alle jene guten Taten, die von einem inneren Widerstand begleitet waren.

Danach wenden Sie sich der rechten Spalte zu. Hier notieren Sie, was die betreffende Person umgekehrt für Sie getan hat. Wenn es mehrere Menschen in Ihrer näheren Umgebung gibt, für die Sie häufig Seelentrösterin und Unterstützerin sind, legen Sie auch für diese eine Pro-und-Contra-Liste an. Nun prüfen Sie, wie ausgewogen Ihre Liste(n) ausgefallen ist (sind). Natürlich geht es nicht darum, daß auf jede gute Tat von Ihnen eine gute des anderen folgen muß. In zwischenmenschlichen Beziehungen kann es niemals eine 50:50-Ausgewogenheit geben. Und selbstverständlich wird die Liste unausgewogen sein, wenn es um kleine Kinder, behinderte oder kranke oder sehr alte Menschen geht. Hellhörig sollten Sie jedoch werden, wenn Sie bei ganz «normalen» Personen sehr viel mehr Eintragungen in der linken Spalte als in der rechten Spalte zählen und wenn das «W» häufiger auftaucht als das «F».

Ist das der Fall, ist das Gleichgewicht zwischen linker und rechter Spalte deutlich zu Ihren Ungunsten verschoben, dann sind Sie mit großer Wahrscheinlichkeit ein Mensch, der nicht *nein* sagen kann. Jederzeit haben Sie ein offenes Ohr für andere Menschen und ihre Sorgen. Wann immer jemand in der Klemme steckt, wendet er sich an Sie. In Ihrer Partnerschaft oder in der Familie sind Sie der «gute Geist». Was täten die anderen nur ohne Sie? Manchmal wundern Sie sich selbst über die Ansammlung Hilfsbedürftiger in Ihrem Leben: Wo kommen die nur her? Warum bleiben «Problemfälle» immer an Ihnen hängen? Und immer öfter fragen Sie sich, warum es umgekehrt so wenige Menschen gibt, die etwas für Sie tun, denen Sie mal zur Abwechslung Ihr Herz ausschütten können. Wenn Sie eine Diskrepanz entdecken zwischen dem, was andere von Ihnen nehmen, und dem, was sie Ihnen geben, dann haben Sie ganz offensichtlich ein Problem: ein Problem mit Ihren persönlichen Grenzen. Diese sind so weit offen, so ungeschützt, daß es – um im Bild zu bleiben – ständig zu Grenzverletzungen kommt.

Den Grund für Ihre Offenheit kennen Sie wahrscheinlich längst: Sie wollen geliebt werden, bei anderen gut dastehen. Sie erhoffen sich Anerkennung und Dank. Sie wollen, daß die Mitmenschen positiv von Ihnen denken, daß sie sagen

«Was ist sie doch für ein netter Mensch». Sie hoffen, daß sie – wenn Sie tun, was sie von Ihnen erwarten – Ihnen keinen Ärger machen, daß Sie Ihnen nicht ihre Zuwendung entziehen, keine Schuldgefühle verursachen. Sie glauben, daß Sie sich mit Ihrer Nettigkeit ein glückliches Leben mit anderen «erkaufen» können.

Daß diese Annahme ein Irrtum ist, wissen Sie im Grunde längst. Aber welche Konsequenz ziehen Sie daraus? Noch immer sagen Sie zu vielen und zu vielem ja und amen, weil «es die Sache nicht wert ist, deswegen ein Faß aufzumachen». Oder ist Ihnen vielleicht ein anderer Spruch vertrauter? Tun Sie viele Dinge «um des lieben Friedens willen»? Gleichgültig, wie Sie es nennen: Ihre Nettigkeit schadet Ihnen. Oberflächlich gesehen leben Sie mit Ihren Mitmenschen in Frieden. Für sie sind Sie ja auch eine Wohltat. Sie ersparen ihnen unangenehme Auseinandersetzungen, erleichtern ihnen ihren Alltag und bieten ihnen eine Schulter, an der sie sich ausweinen können. Den anderen geht es gut mit Ihnen, aber wie geht es Ihnen selbst? Weniger gut, wenn Sie ehrlich sind. Sind Sie nicht häufig innerlich wütend und aggressiv, weil Sie sich ausgenutzt fühlen? Sind Sie nicht immer wieder enttäuscht, weil andere so wenig Interesse an Ihnen und Ihren Bedürfnissen zeigen? Sind Sie nicht gestreßt, weil Ihnen zu wenig Zeit für Sie selbst bleibt? Und schlimmer noch: Kommen Sie sich nicht immer häufiger dumm vor, weil nur Sie es sind, die gibt, und all die anderen «ungeschoren» davonkommen? – Aber diese negativen Gefühle lassen Sie nicht wirklich hochkommen. Sie haben so schon genug Schuldgefühle, wenn Sie spüren, daß Sie die Erwartungen der anderen nicht uneingeschränkt erfüllen wollen.

Frauen sind ganz besonders gefährdet, zur Seelentrösterin oder zum Müllabladeplatz für die Sorgen anderer zu werden. Schon kleine Mädchen sind hilfsbereiter als Jungen, wie verschiedene Studien zeigen. Auf Bilder oder Erzählungen mit positivem oder negativem Inhalt reagieren Mädchen einfühlsamer als Jungen; Jungen sind weniger bereit, mit anderen zu teilen, und Mädchen im Grundschulalter kümmern sich mehr um kranke Mitschüler als Jungen. Hilfsbereitschaft zieht sich wie ein roter Faden durch das Leben von Frauen: Deutlich mehr Frauen als Männer engagieren sich ehrenamtlich, Berufe im Sozial- und Gesundheitsbereich werden zu 85 Prozent von Frauen gewählt, und es sind fast ausschließlich Frauen, die Familienmitgliedern oder Freunden soziale Unterstützung gewähren. «In allen Helfer-Untersuchungen», so berichten die Sozialwissenschaftler Frank Nestmann und Christiane Schmerl, «rangieren Frauen als alltägliche Unterstützerinnen vor den Männern, und zwar unabhängig von Alter oder speziellem Netzwerk. Sie leisten durchgehend mehr Hilfe als Männer, und zwar sowohl in Familie und weiterer Verwandtschaft als auch in Nachbarschaft und Gemeinde, im Freundeskreis und unter Kollegen und Kolleginnen.»

Diese Situation birgt für Frauen die Gefahr der Überforderung. Wer ständig ein offenes Ohr für andere hat, stellt zwangsläufig seine eigenen Bedürfnisse zurück und fühlt sich irgendwann ausgebrannt und ausgenutzt. Für das

Selbstwertgefühl ist allzu großes Samaritertum Gift. Denn natürlich spüren die immer netten Menschen, daß sie «eigentlich» gar nicht so nett sind. Das verunsichert. Und tief im Inneren spüren sie auch, daß die anderen, für die sie doch so viel tun, sie nicht wirklich respektieren. Eher scheint das Gegenteil der Fall: Weniger «nette» Menschen werden mehr geachtet, bekommen mehr Aufmerksamkeit.

Für ein starkes Selbstwertgefühl ist es notwendig, daß es Grenzen gibt: zwischen «mir» und «dir», zwischen «meinen Bedürfnissen» und «deinen Bedürfnissen». Wenn Ihre Grenzen allzu offen sind, laufen Sie Gefahr, von Ihren Mitmenschen überrannt zu werden und sich selbst zu verlieren. Selbstwertstarken Menschen fällt es nicht schwer, *nein* zu sagen; selbstwertschwache dagegen sagen viel zu oft und häufig gegen ihren eigentlichen Willen *ja*. Wann immer Sie also merken, daß Ihre Hilfe und Unterstützung nicht wirklich von Herzen kommt, sondern Sie nur deswegen für eine andere Person da sind, weil diese möglicherweise verärgert oder sonstwie negativ reagieren könnte, sollten Sie lernen, das Wort «nein» häufiger zu benutzen.

Leichter gesagt als getan? Das ist richtig. Schließlich haben Sie Ihr Verhalten in vielen Jahren, möglicherweise Jahrzehnten eingeübt. Auf die schnelle wird es nicht zu verändern sein. Aber Schritt für Schritt. Fangen Sie an, sich gegen kleine Zumutungen zur Wehr zu setzen. Beispiel: Jemand drängelt sich an der Supermarktkasse vor. Nomalerweise würden Sie schweigen, Sie haben es ja nicht eilig, und mekkern liegt Ihnen nicht. Aber damit verpassen Sie eine gute

Übung. Wenn Sie höflich, aber bestimmt Ihr Recht fordern – «Würden Sie sich bitte hinten anstellen» –, werden Sie die Erfahrung machen, wie gut es tut, sich nicht übergangen, sondern respektiert zu fühlen.

Sobald Sie in solchen kleinen Alltagssituationen im Neinsagen sicherer werden, finden Sie auch den Mut, sich gegen größere Zumutungen zur Wehr zu setzen. Legen Sie sich für den Anfang ein paar hilfreiche Sätze zurecht, wie zum Beispiel: «Ich kann mir vorstellen, wie unangenehm die Situation für dich/Sie ist. Aber ich sehe mich wirklich nicht in der Lage, dir/Ihnen in dieser Angelegenheit zu helfen.» Oder: «Nein, heute kann ich beim besten Willen nicht. Ich habe etwas für mich sehr Wichtiges vor.» Oder: «Ich glaube, wir beide müssen im Moment damit leben, daß ich diese Angelegenheit grundsätzlich anders einschätze, als du es tust.» Und wenn der andere schon Tatsachen geschaffen hat, mit denen Sie aber überhaupt nicht einverstanden sind, fressen Sie Ihren Ärger nicht in sich hinein, weil ohnehin nichts mehr zu ändern ist, sondern machen Sie Ihren Standpunkt klar: «Diesmal hast du mich übergangen. Das nächste Mal möchte ich bitte gefragt werden.»

Seien Sie darauf vorbereitet, daß es Konflikte geben wird. Die anderen werden Sie möglicherweise als «egoistisch» oder «ablehnend» bezeichnen. Das ist völlig normal und gehört zu Ihrem Wandlungsprozeß von der «Ja-Sagerin» zur «Nein-Sagerin». Handelt es sich um wirkliche Freundschaften und ernsthafte Beziehungen, dann wird Ihre Umwelt mit der Zeit erkennen, daß Sie immer noch ein verläßlicher Mensch sind, auch wenn Sie Ihre eigenen Bedürfnisse nicht mehr länger verleugnen. Alle anderen, die Ihre neuen Grenzen nicht akzeptieren können, outen sich damit als Schmarotzer. Um die ist es, das werden Sie mit der Zeit erkennen, nicht schade.

Wenn Sie Ihr Selbstwertgefühl schützen und stärken wollen, müssen Sie Grenzen ziehen. Sie müssen erkennen, wer Sie nur ausnutzt und bei wem die Balance zwischen Geben und Nehmen ausgeglichen ist. Zu einem starken Selbst gehört auch, daß man es aushalten kann, nicht von allen Menschen geliebt zu werden. «Allen kann man es nicht recht machen», dieser Satz ist für selbstwertstarke Menschen eine Selbstverständlichkeit. Sie sollten ihn sich hinter den Spiegel stecken. Mit der Zeit werden Sie merken, daß es nicht nur wunderbar auszuhalten ist, wenn einige Menschen Ihr neues Selbstbewußtsein und Ihre neuen Grenzen nicht akzeptieren wollen, sondern daß auch der Gewinn für Ihr Wohlbefinden enorm ist.

III.

Du sollst Nachsicht mit dir haben

Manche Menschen haben etwas Einschüchterndes an sich. Ihnen gelingt scheinbar spielend, worum wir uns verzweifelt bemühen: Sie sind beruflich erfolgreich, perfekt gestylt, haben Bilderbuchpartner und Bilderbuchkinder. Die Vorstellung, daß sie faul in einer ausgeleierten Trainingshose auf der Couch liegen, Freßorgien veranstalten oder Fehler machen könnten, erscheint vollkommen absurd. Kurz: Diese Menschen umgibt eine Aura der Perfektion. In Gegenwart dieser Supertypen fühlen wir uns unwohl, weil wir im Vergleich mit ihnen schlecht abschneiden.

Begegnungen mit solchen (scheinbar) perfekten Wesen sind normalerweise nicht allzu häufig. Ist aber unser Selbstwertgefühl schwach ausgeprägt, dann treffen wir sie an allen Ecken – Menschen, denen alles anscheinend sehr viel besser, sehr viel spielerischer, sehr viel perfekter gelingt als uns. Im Vergleich stellen wir fest, wie fehlerhaft und unvollkommen wir doch sind, wie enorm wir uns noch anstrengen müssen, um die selbstgesteckten Ziele zu erreichen.

Menschen mit einem schwachen Selbstwertgefühl sind fast immer Perfektionisten. In der Perfektion suchen sie ihr Heil, wenn sie im Vergleich mit anderen schlecht abschneiden. Nur wenn sie Hundertprozentiges leisten, so glauben sie, werden sie akzeptiert. Frauen sind häufiger als Männer dem Perfektionismus verfallen – wenn auch Männer nicht grundsätzlich davor geschützt sind. In einem Forschungsprojekt «Frauen in der Politik» der Technischen Universität Berlin beschreibt sich ein großer Teil der befragten Politikerinnen als «Perfektionistin». In der Aussage einer Parlamentarierin werden sich viele Frauen wiedererkennen: Erst wenn sie das Gefühl habe, perfekt vorbereitet zu sein, wage sie es, sich zu einem Thema zu äußern. Häufig sei sie dann übervorbereitet, was einem männlichen Kollegen so schnell nicht passieren könne. Männer nehmen es eher gelassener. Wie meint eine andere Politikerin? «Ich bin manchmal schon erstaunt, mit welcher Dreistigkeit Männer Sachen verkünden, von denen ich genau weiß, da steht nicht viel dahinter.»

Eine schwedische Studie zeigt deutlich die unterschiedliche Selbsteinschätzung der Geschlechter. Vor einer Prüfung fragte ein Universitätsprofessor seine Studierenden, ob sie sich gut vorbereitet fühlten. Die Antworten der Studentinnen fielen selbstzweifelnd aus: «Etwas mehr hätten wir vielleicht lernen können.» Von den Studenten dagegen bekam der Professor Selbstsicherheit signalisiert: «. . . den Stoff beherrschen wir.» Ein Vergleich der Prüfungsergebnisse belegte: Die Studentinnen, die an ihrer eigenen Leistung gezweifelt hatten, schnitten deutlich besser ab als die selbstsicheren Studenten.

Dieses Beispiel macht klar: Perfektionistische Menschen

setzen sich selbst unnötig unter Druck. Weil es ihnen an Selbstvertrauen mangelt, treiben sie sich ständig zu Höchstleistungen an und geraten damit in einen Teufelskreis: Da es niemandem auf Dauer gelingen kann, immer hundert Prozent Leistung zu erbringen, ist das «Versagen» schon vorprogrammiert. Werden die selbstgesteckten hohen Ziele nicht erreicht, fühlt eine perfektionistische Person sich schlecht. Wie Studien zeigen, leiden perfektionistische Menschen häufig unter Niedergeschlagenheit, Kopfschmerzen, Magen- und Rückenbeschwerden und Depressionen, weil sie nicht nur in ihrem Anspruch an sich selbst unerbittlich sind, sondern auch in ihrer Selbstkritik. Erreichen sie ihre überhöhten Ziele nicht, dann sind nur sie ganz alleine daran schuld. Während Nichtperfektionisten schon mal auf «die Umstände», das Verhalten anderer oder «Pech» zurückgreifen, übernehmen Perfektionisten für ihr «Scheitern» immer die volle Verantwortung. Die Folge sind quälende Selbstvorwürfe und selbstzerfleischende Grübeleien darüber, warum das Ziel nicht erreicht worden ist.

Perfektionisten sind fast immer Opfer von zwei Denkfehlern.

1. Das Alles-oder-nichts-Denken
Der Psychologe Michael Mahoney hat bei Menschen, die nach Perfektion in allen Lebensbereichen streben, das «Heiliger- oder Sündersyndrom» beobachtet. Nimmt sich eine perfektionistische Person zum Beispiel vor, eine Abmagerungskur zu machen, dann gibt es für sie nur zwei Möglich-

keiten: Entweder sie führt die Diät nach einem strengen Plan erfolgreich durch, oder sie versagt. Abweichungen darf es nicht geben. Wird sie dagegen schwach, und sei es nur ein einziges Mal, dann hält sie das ganze Vorhaben für gescheitert – die «Heilige» verwandelt sich gnadenlos in eine «Sünderin». Schuldgefühle und Selbstverachtung sind die Folge. Eine perfekte Person fühlt sich erst dann wieder einigermaßen wohl in ihrer Haut, wenn sie einen neuen perfekten Plan faßt. Das «Alles-oder-nichts-Denken» führt dazu, daß Perfektionisten niemals lockerlassen können. Die Angst, vollständig die Kontrolle zu verlieren, ist zu übermächtig.

2. Ein weiterer Denkfehler ist magisches «Wenn-dann-Denken» nach dem Muster:
- Wenn ich mich mehr anstrenge, dann bekomme ich Anerkennung, Liebe, Zuwendung.
- Wenn ich endlich mein Wunschgewicht erreicht habe, dann werde ich nicht mehr länger alleine sein müssen.
- Wenn ich mehr Stunden arbeite als andere, werde ich sicher befördert.

Das Gefährliche an diesem Denkmuster ist, daß es nichts mit der Realität zu tun hat. Meist besteht kein Zusammenhang zwischen der eigenen Anstrengung und dem erhofften Resultat.

Wenn auch Sie sich bei solchen Denkfehlern ertappen, sollten Sie sich folgendes klarmachen: Wahre Perfektion kann es gar nicht geben. Etwas Perfektes ist vollkommen, ohne Fehler, nicht zu verbessern. Kann ein Mensch nach dieser Definition überhaupt perfekt sein? Gibt es nicht an jeder Handlung, an jedem Projekt, an jedem Verhalten immer noch etwas zu verbessern? Kein Mensch ist in der Lage, ein perfektes Referat zu halten, keiner Frau gelingt es, eine perfekte Ehefrau, Mutter und Karrierefrau zugleich zu sein. Und selbst Genies werden ihre Kompositionen, ihre Filme, ihre Romane oder ihre technischen Erfindungen wohl kaum als perfekt betrachten. Perfekt sein zu wollen heißt, übermenschlich sein zu wollen.

Die amerikanische Tageszeitung «USA Today» hat einmal errechnet, daß der Tag für wahrhaft perfekte Menschen weit mehr als 24 Stunden haben müßte: 30 Minuten werden fürs Fitneßtraining veranschlagt, 45 Minuten für die Körperpflege, zwei bis vier Stunden beansprucht die Familie, 45 Minuten liest der Durchschnittsmensch die Zeitung, zwei bis vier Stunden verbringt er vor dem Fernseher, ein bis zwei Stunden sitzt er im Auto oder in öffentlichen Verkehrsmitteln, sieben bis zehn Stunden verschlingt der Beruf, weitere ein bis zwei Stunden werden für Haus- und Gartenarbeit benötigt, 50 Minuten bleiben für Sex und Gespräche mit dem Partner, zwei bis drei Stunden für die Mahlzeiten, etwa acht Stunden raubt der Schlaf. Daneben sollte man noch Zeit finden, um den neuesten Roman zu lesen, sich weiterzubilden, Musik zu hören, Freunde zu treffen... Insgesamt, so errechneten die amerikanischen Journalisten, wäre ein 42-Stunden-Tag optimal. Auch wenn so manche Stundenzahl berechtigt in Frage gestellt werden kann – deutlich wird durch dieses Rechenbeispiel, wie aussichtslos es allein schon aus zeitlichen Gründen ist, ein perfektes Leben führen zu wollen. Und man bekommt ein Gefühl dafür, unter welchem Druck Perfektionisten stehen.

Sind auch Sie eine Perfektionistin? Leidet Ihr Selbstwertgefühl unter Ihren zu hoch gesteckten Ansprüchen? Sind Sie zu streng mit sich? Finden Sie es heraus. Prüfen Sie, ob und in welchem Ausmaß folgende Aussagen auf Sie zutreffen. Geben Sie sich zwei Punkte (+2), wenn Sie einer Aussage «voll zustimmen», einen Punkt (+1), wenn Sie «weitgehend zustimmen», keinen Punkt (0), wenn Sie «dazu keine Meinung haben». Geben Sie sich einen Minuspunkt (–1), wenn Sie einer Aussage «eher nicht zustimmen» und zwei Minuspunkte (–2), wenn die Aussage auf Sie «überhaupt nicht zutrifft».

1. Wenn ich nicht die höchsten Anforderungen an mich selbst stelle, laufe ich Gefahr, in Mittelmäßigkeit abzusinken.
2. Wenn mir ein Fehler unterläuft, werden die Leute wahrscheinlich weniger von mir halten.
3. Wenn ich etwas nicht wirklich gut machen kann, dann hat es keinen Sinn, es überhaupt anzufangen.
4. Wenn ich einen Fehler mache, beunruhigt mich das sehr.
5. Wenn ich mich nur genug anstrenge, sollte mir eigentlich alles, was ich mir vornehme, perfekt gelingen.

6. Ich schäme mich, wenn ich Schwächen zeige.
7. Ich darf nie zweimal denselben Fehler machen.
8. Durchschnittliche Leistungen (von mir und von anderen) sind für mich unbefriedigend.
9. Wenn mir etwas nicht gelingt oder ich einen Plan nicht durchhalte, habe ich ein schlechtes Gewissen.
10. Wenn ich mich selbst tadele, weil ich meine eigenen Erwartungen nicht erfüllt habe, wird mir meine Selbstkritik helfen, in Zukunft bessere Leistungen zu erbringen.

Auswertung: Zählen Sie alle Punkte zusammen (achten Sie darauf, daß sich gleiche Zahlen mit verschiedenen Vorzeichen aufheben: +1 und −1 = 0). Wenn Sie zehnmal +2 Punkte haben, lautet das Endergebnis +20 und deutet auf einen besonders stark ausgeprägten Hang zum Perfektionismus hin. Haben Sie zehnmal −2 Punkte, dann zeigt der Gesamtwert von −20, daß Sie keinerlei perfektionistische Neigungen besitzen. Wenn Ihre Perfektion sehr hoch oder hoch ist, sollten Sie Ihre selbstgesteckten Ziele überprüfen und versuchen, die hohe Spannung, unter der Sie stehen, abzubauen.

Wenn Sie wieder mal in die Rolle der Selbstanklägerin fallen, verordnen Sie sich eine kurze Auszeit. Diese nutzen Sie zur gezielten Ablenkung von Ihren Grübeleien, und das gelingt am besten durch Entspannungsübungen. Eine sehr einfache und überall durchzuführende Übung ist die sogenannte Nasenatmung: Halten Sie sich das linke Nasenloch zu, das rechte bleibt offen. Atmen Sie durch das offene Nasenloch, und zählen Sie bis vier. Nun drücken Sie beide Nasenlöcher mit einem leichten Druck zu, halten den Atem an, wobei Sie wiederum bis vier zählen. Jetzt schließen Sie nur das rechte Nasenloch und atmen durch das linke aus. Wiederholen Sie diese Übung langsam mehrere Male. Sie werden überrascht sein, wie schnell Sie sich entspannen und die perfektionistischen Gedanken weichen. Diese «Nasenatmung» ist eine einfache, aber sehr wirksame Methode, um in kritischen Situationen gelassen zu bleiben und Ängste in Schach zu halten. Auch andere Entspannungsverfahren, Meditation, Yoga oder ähnliches sind hilfreiche Wege zu einem weniger perfektionistischen Leben – und damit zu einem stärkeren Selbstwertgefühl (Näheres dazu finden Sie unter dem 10. Gebot).

Und noch etwas stärkt das eigene Selbst ungemein: Lernen Sie, mit Niederlagen und Mißerfolgen, die selbstverständlich nicht ausbleiben, besser umzugehen. Sehen Sie darin nur persönliches Versagen, bleiben Sie blind für die Chancen, die in jeder Niederlage stecken. Jede kritische Situation bietet Lern- und Entwicklungsmöglichkeiten: Sie kann Anstöße geben zu längst fälligen Veränderungen, helfen, wichtige Entscheidungen zu treffen, oder dazu ermutigen, neue Wege auszuprobieren.

Es bedarf einiger Übung, um das positive Potential von Fehlschlägen erkennen zu können. Ganz wichtig ist, daß Sie nicht nur eine Ursache dafür verantwortlich machen («Ich bin schuld/dumm/unaufmerksam»), sondern immer sofort versuchen, alternative Erklärungen zu finden («Die

Aufgabe war wirklich schwer», «Das hätte auch anderen passieren können»). Wenn Sie sich dann noch die Frage stellen: «Was kann ich aus diesem Mißerfolg lernen», dann haben Sie die schädlichen Selbstanklagen mit Sicherheit durchbrochen.

IV.

Du sollst nicht ständig ein schlechtes Gewissen haben

«Jetzt war ich schon zwei Wochen nicht mehr im Fitneßstudio... Und auf das Glas Wein am Abend habe ich auch nicht verzichtet... Mutter wartet auf einen Anruf, Ralph auch... Der Anzug von Paul muß endlich aus der Reinigung geholt werden, und die Fenster sollte ich auch endlich mal putzen... Sex, o Gott, wann hatten wir das letzte Mal Sex??!!»

Selbstgespräche wie diese kennen Sie: Das wollten Sie tun, jenes muß noch erledigt werden – doch wie Sie das alles schaffen sollen, ist Ihnen ein Rätsel. Statt sich gelassen zurückzulehnen und sich zu beruhigen – sachte, sachte, eins nach dem anderen, und was von alledem muß eigentlich wirklich sein –, macht sich in Ihnen das schlechte Gewissen breit. Sie machen sich Vorwürfe, Sie schimpfen mit sich selbst («Was bist du doch für ein Versager!»), Sie glauben, daß nur Sie so schlampig, so unkonzentriert, so willensschwach sind. Andere haben keine derartigen Probleme: Die halten spielend ihre Diät ein, treiben regelmäßig Sport, haben unkomplizierte Beziehungen, gut geratene Kinder und Wohnungen, die immer sauber sind. Sie dagegen, Sie sind fehlerhaft, und das bereitet Ihnen ein schlechtes Gewissen.

Das schlechte Gewissen ist die Schwester der Perfektion; es sorgt dafür, daß Sie sich niemals wirklich sicher und stark fühlen. Das schlechte Gewissen senkt Ihr Selbstwertgefühl, indem es Ihnen Ihre Defizite vor Augen hält und zeigt, was Sie leisten könnten, wenn Sie nur wirklich wollten. Ein bißchen mehr Einsatz, ein bißchen mehr Konzentration und Willenskraft, mehr braucht es doch gar nicht!

Die Ermahnungen und Sticheleien Ihrer inneren Stimme sind Ihnen längst in Fleisch und Blut übergegangen. Die Frage, welche Berechtigung diese ständigen Maßregelungen haben, stellen Sie sich nicht. Sie haben nur ein Ziel: das schlechte Gewissen zum Verstummen zu bringen. Und das gelingt nur, so glauben Sie, indem Sie «dem Affen Zucker geben», das heißt: Sie fassen ständig neue «gute» Vorsätze. Noch eine Diät, jeden Morgen Gymnastik (ab morgen), noch mehr Rücksicht auf andere ... Doch das Ende vom Lied ist immer dasselbe: Sie schaffen nicht, was Sie sich vorgenommen haben. Am Ende triumphiert nicht Ihr Wille, sondern nur das schlechte Gewissen, weil aus Ihren guten Vorsätzen mal wieder nichts geworden ist.

Vorsätze, die wir landläufig als «gut» bezeichnen, sind in Wirklichkeit fast immer schlecht für unser Selbstwertgefühl. Denn es ist ein typisches Merkmal «guter Vorsätze», daß sie früher oder später scheitern. Wohl jeder Mensch hat auf dem Konto «Gute Vorsätze» weit mehr auf der Minus- als auf der Plus-Seite zu verzeichnen. «Gute Vorsätze», die wir nicht (oder nur kurzfristig) realisieren, lasten schwer auf unserer Seele. Wenn wir nicht schaffen, was wir uns vorgenommen haben, dann plagt uns das schlechte Gewissen und das beschämende Gefühl, dem inneren Schweinehund wieder unterlegen zu sein. Wir halten uns für Versager, mit der Konsequenz, daß wir uns immer weniger zutrauen.

Wollen Sie die innere Stimme, die Ihnen ständig einflüstert «Versager, Versager» endgültig loswerden und damit Ihr Selbstwertgefühl stärken, dann müssen Sie sich über zwei Fragen Rechenschaft ablegen:

1. Woher kommt das schlechte Gewissen?
2. Was tue ich dafür, um es aufrechtzuerhalten?

Also, woher kommen die Gedanken «Ich sollte . . .», «Ich müßte . . .»? Ganz sicher nicht aus Ihnen selbst. Wir sind umzingelt von Ratgebern, die uns aufzeigen, was alles an uns verbesserungswürdig ist. Schönheits- und Schlankheitstips in Modezeitschriften, Empfehlungen für die wundervollste Wohnungsdekoration, psychologische Tips für ein sorgenfreies Leben – es mangelt nicht an verführerischen Botschaften, wie es gelingen kann, ein rundum glücklicher Mensch zu werden.

Zwar sagt uns der Verstand, wie absurd diese Zielvorgaben sind, doch unser Gefühl signalisiert: Wäre doch schön, wenn dir das auch alles gelingen könnte. Streng dich an, vielleicht schaffst du es ja, mit deinen 40 Jahren auszusehen wie die 17jährigen Models; vielleicht wirkt ja diese Diät, vielleicht waren die bisherigen 20 Versuche einfach die falschen; vielleicht wirst du durch dieses Persönlichkeitstraining endlich die, die du gerne sein möchtest.

Wir alle, ohne Ausnahme, sind mehr oder weniger anfällig für Ratschläge, die uns bei der Selbstverbesserung helfen wollen. Diese Anfälligkeit ist die Ursache unseres schlechten Gewissens. Wollen wir es loswerden, müssen wir die Manipulationen, denen wir ausgesetzt sind, als solche erkennen und abschalten. Nichts spricht dagegen, sich die wunderschönen Models in ihren sündhaft teuren Designerkleidern anzuschauen; nichts spricht dagegen, sich von Verbesserungsvorschlägen für die Wohnung, das eigene Outfit, die Frisur, das Liebesleben anregen zu lassen. Alles kein Problem, solange es bei der Anregung bleibt und wir nicht glauben, höchstpersönlich von all dem angesprochen zu sein.

Eine Frage muß immer im Vordergrund stehen: Was hat das eigentlich alles mit mir zu tun? Muß ich wirklich ein schlechtes Gewissen haben, weil ich nicht so schön, so schlank, so fehlerlos bin, wie die Menschen, die mir von den Medien vorgeführt werden? Angenommen, Sie sind eine ganz begabte Hobbymalerin und besuchen eine Picasso-Ausstellung. Kommen Sie dann auf die Idee, Sie müßten genausogut malen können wie dieser große Künstler? Eben. Sie lassen sich inspirieren, aber Sie verspüren kein schlechtes Gewissen, wenn Sie Ihre eigenen Werke betrachten. Sie wissen, was Sie können, und Sie sind zufrieden damit. Diese Gelassenheit sollten Sie auch in anderen Lebensbereichen entwickeln. Wann immer das schlechte

Gewissen auftaucht, sollten Sie sich als erstes fragen: Hat das irgend etwas mit meinem Leben zu tun? Gibt es einen objektiven Grund, mich selbst herunterzumachen, oder lasse ich mich mal wieder zu stark manipulieren oder von Experten belehren, die nichts, aber auch gar nichts von mir wissen?

Als zweites sollten Sie sich fragen, was Sie selbst zu Ihrem schlechten Gewissen beitragen. Wenn Sie Ihr Ich stärken wollen, sollten Sie dringend die Liste Ihrer «guten» Vorsätze durchforsten und vor allem jene ad acta legen, die zu folgenden drei Bereichen gehören:

1. «Ich bereue»-Vorsätze

Wenn Sie sich zum Beispiel nach einer Freßorgie vornehmen: «Ab morgen halte ich Diät», dann ist das ein typischer «Ich bereue»-Vorsatz. Diese Art Vorsätze kann kurzfristig das schlechte Gewissen abbauen, Sie fühlen sich für den Moment entlastet. Auf Dauer sind «Ich bereue»-Vorsätze jedoch nur ganz selten von Erfolg gekrönt. Viel wahrscheinlicher ist, daß man sie nicht einhält und schnell wieder ins alte Fahrwasser zurückfällt. «Ich bereue»-Vorsätze haben fast immer ein schlechtes Gewissen zur Folge – deshalb sollten sie ein für allemal der Vergangenheit angehören.

2. «Ich sollte»-Vorsätze

Vorsätze, hinter denen kein starkes «Ich will», sondern ein zaghaftes «Ich sollte» steht, können Sie ebenfalls vergessen. Wenn Sie sich vornehmen: «Ich gehe ab sofort dreimal die

Woche trainieren», weil Sie das Gefühl haben, daß Sie sich mehr bewegen *sollten*, weil Experten dies empfehlen, dann wird man Sie nicht regelmäßig im Fitneßstudio oder auf dem Tennisplatz zu Gesicht bekommen. Ohne starken Willen können Vorsätze nicht verwirklicht werden. In vielen Fällen hat der Gedanke «Ich sollte etwas verändern» spielerischen Charakter, eine ernsthafte Absicht steht nicht dahinter.

3. «Ich mag mich nicht»-Vorsätze
Diese Art Vorsätze sind typisch weiblich. Der Grund: Frauen sind extrem selbstkritisch. Und aus dieser überzogenen Selbstkritik heraus wollen sie oft etwas verändern, wo es eigentlich gar nichts zu verändern gibt. Zum Beispiel zeigt die psychologische Forschung, daß Männer und Frauen Mißerfolg vollkommen unterschiedlich interpretieren. Wenn Männer einen Fehler machen, sagen sie: «Das war eine wirklich schwere Aufgabe.» Wenn einer Frau etwas nicht gelingt, dann sucht sie die Verantwortung allein bei sich selbst: «Ich bin zu dumm, zu unkonzentriert, zu willensschwach.» Die Konsequenz: Um weitere Mißerfolge zu vermeiden, versuchen Frauen ständig, sich zu verändern und zu verbessern. Sie glauben: Wenn ich durchsetzungsfähiger, schlanker, selbstbeherrschter, freundlicher, kurz: wenn ich anders wäre, dann wäre ich erfolgreicher und zufriedener.

Vorsätze, die auf dem Hintergrund einer überzogenen Selbstkritik gefaßt werden, müssen zwangsläufig scheitern.

Deshalb: Sollten Ihre Vorsätze in diese Kategorie fallen, dann geben Sie sie schleunigst auf. Das, was Sie verändern wollen, ändert sich garantiert nicht. Nur eines verändert sich zum Schlechteren: Ihr Selbstwertgefühl.

Wenn Sie mit sich selbst unzufrieden sind und «gute» Vorsätze fassen, in der Hoffnung, daß es Ihnen dann bessergeht, werden Sie in den meisten Fällen enttäuscht werden. Es stärkt nicht Ihr Selbstwertgefühl, wenn Sie ständig an sich herumkritisieren und wenn Ihre Veränderungswünsche regelmäßig scheitern. Wenn Sie sich etwas wirklich Gutes tun wollen, dann lassen Sie sich in Ruhe. Ziehen Sie Ihre Aufmerksamkeit von sich ab, und widmen Sie sich anderen Dingen. Zwei Hinweise, wie dies gelingen kann:

- Finden Sie eine Aufgabe, die Ihr ganzes Engagement fordert, der Sie sich selbstvergessen hingeben können. Ob Sie voller Konzentration ein Buch lesen, Musik hören oder Unkraut jäten – was Sie tun, ist unwichtig. Hauptsache, Sie tun es mit voller Achtsamkeit. Denn Achtsamkeit baut Selbstunzufriedenheit ab. Zahlreiche psychologische Studien beweisen: Menschen, die sich einer Aufgabe hingeben können, sind psychisch und körperlich gesünder als Menschen, denen dies nicht gelingt. «Flow» (Fluß) nennt die Psychologie jenen Zustand, in dem ein Mensch alles um sich herum und sogar sich selbst vergißt. Wie Sie eine Aufgabe finden können, die Sie in *Fluß* versetzt? Ganz sicher gibt es tief in Ihnen versteckt eine Idee, die Sie gerne mal realisieren möchten: eine

Fremdsprache erlernen, sich weiterbilden, endlich malen, öfter ins Konzert gehen, einen Frauenstammtisch gründen ... Und gab es da früher nicht ein geliebtes Hobby, das Sie aus Zeitmangel aufgegeben haben ...? Horchen Sie in sich hinein: Ganz sicher werden Sie fündig.
- Selbstzufriedenheit können Sie auch finden, wenn Sie Ihre Aufmerksamkeit anderen Menschen schenken. Helfen macht «high», das haben amerikanische Psychologen herausgefunden. Das heißt: Wer anderen hilft, erlebt glückliche Momente. Und nicht nur das: Wie Studien belegen, stärkt altruistisches Verhalten langfristig das Immunsystem und schützt den Helfenden vor Krankheiten und Selbstwertverlust. In einer amerikanischen Untersuchung wurden mehrere tausend ehrenamtliche und festangestellte Mitarbeiter verschiedener sozialer Hilfsorganisationen befragt, was sie selbst davon hätten, wenn sie für andere etwas tun. Die Befragten berichteten übereinstimmend von euphorischen Gefühlen, von Energieschüben und von einer Steigerung ihres Selbstwertgefühls. Die Mehrheit der Helfer fühlte sich – im Vergleich zu ihrem früheren Leben, als sie noch nicht im sozialen Bereich tätig waren – zufriedener, ausgeglichener und glücklicher.

«Wenn du für immer glücklich sein willst, werde Gärtner», rät ein chinesisches Sprichwort. Selbst wenn Sie keinen Garten und noch nicht einmal einen Balkon besitzen, können

Sie diese Weisheit für sich nutzen. Finden Sie eine Aufgabe, die Sie wie eine Pflanze hegen und pflegen können. Sie werden bald feststellen, daß Sie es nicht mehr nötig haben, schädliche «gute» Vorsätze zu fassen.

V.

Du sollst Verantwortung für dein Leben übernehmen

Ein Mensch mit einem starken Selbstwertgefühl übernimmt die volle Verantwortung für sich und sein Leben. Umgekehrt stärkt das Gefühl, für sich selbst verantwortlich zu sein, das Selbstwertgefühl. Verantwortung ist also ein ganz zentrales Element beim Aufbau und bei der Aufrechterhaltung eines starken Selbst. Wenn Sie glauben, daß die Dinge Ihnen entgleiten, daß Sie ein Opfer der Umstände sind, wenn Sie sich hilflos und ausgeliefert fühlen, dann ist das ein sicheres Zeichen dafür, daß Ihr Selbstwert einen Tiefstand erreicht hat.

Was genau bedeutet «Verantwortung übernehmen»? Wofür sind wir selbst verantwortlich? Der Psychotherapeut Nathaniel Branden gibt darauf folgende Antwort: Danach ist jeder Mensch verantwortlich für

- *die Erfüllung seiner Wünsche.* Niemand kann von einem anderen erwarten, daß dieser seine Wünsche errät und erfüllt. «Wenn ich Wünsche habe, ist es an mir, nach Möglichkeiten zu suchen, wie ich sie befriedigen kann», meint Branden. «Wenn ich nicht bereit bin, die Verantwortung für die Erfüllung meiner Wünsche zu überneh-

men, dann sind es keine wirklichen Wünsche – sondern nur Tagträume.»
- *seine Entscheidungen und sein Handeln.* So wenig, wie man sich zum Sündenbock für die Entscheidungen und Handlungen anderer machen lassen sollte, so wenig darf man die Folgen seiner eigenen Entscheidungen und Handlungen anderen aufbürden. Das klingt selbstverständlich, ist es aber häufig nicht. Allzuoft hadern wir mit dem «Schicksal» oder mit anderen Menschen, wo wir in Wirklichkeit selbst verantwortlich sind. «Wir weichen unserer Verantwortung aus», sagt Branden, «wenn wir versuchen, anderen die Schuld für unsere Handlungen zu geben – wie es etwa zum Ausdruck kommt, wenn wir sagen: ‹Sie macht mich verrückt›, ‹Er geht mir auf die Nerven› ...» Diese Schuldzuweisungen schwächen unser Selbstwertgefühl. Übernehmen wir dagegen Verantwortung für unser Tun und Lassen, dann mag das im Einzelfall schmerzhaft sein. Aber unser Selbstwertgefühl bekommt keine Kratzer.
- *die Art und Qualität seiner Beziehungen.* Es liegt in unserer Verantwortung, mit welchen Menschen wir uns umgeben. Wenn wir das Gefühl haben, ausgenutzt zu werden, dann ist es unsere Entscheidung, ob wir dies weiter zulassen oder beenden. Ebenso ist es unsere Entscheidung, ob wir mit Personen Kontakte pflegen, die uns nicht wirklich interessieren.
- *sein persönliches Glück.* Viele Menschen sehen einen Zusammenhang zwischen ihren aktuellen Problemen

und ihrer frühen Kindheit. Sie blicken zurück im Zorn. Überzeugt davon, daß sie heute ein leichteres Leben führen könnten, klagen sie: «Wenn der Vater nicht getrunken hätte, wenn die Mutter sich nicht wie eine Glucke aufgeführt hätte, dann wäre ich heute glücklicher.» Sie delegieren die Verantwortung für ihr Glück an die Eltern, an die Vergangenheit und fühlen sich als Opfer. Dabei übersehen sie, daß sie nun längst erwachsen sind und es ganz allein von ihnen abhängt, was sie aus ihrem Leben machen.

Wie man heute weiß, spielen frühe Kindheitserfahrungen eine sehr viel bescheidenere Rolle in unserer Entwicklung als bislang gedacht. Zahlreiche Studien liegen inzwischen vor, die belegen, daß eine schlechte Kindheit kein lebenslanges Schicksal bedeutet. Nur ein Beispiel: Der Erlanger Psychologe Friedrich Lösel hat 146 «belastete» Jugendliche mehrere Jahre lang beobachtet. Er machte eine Reihe von Faktoren aus, die Jugendliche widerstandsfähig gegen erlebtes Grauen machen: Wenn die Jugendlichen außerhalb des Elternhauses stabile soziale Beziehungen hatten, wenn ihnen Lehrer, Pfarrer oder ältere Geschwister positive Vorbilder waren, wenn sie selber Verantwortung für jüngere Geschwister übernehmen mußten, dann waren sie in der Lage, auch eine schlechte Kindheit ohne bleibende Schäden zu überstehen. Selbst so schlimme Erfahrungen wie sexueller Mißbrauch, Drogensucht der Eltern oder seelische Mißhandlungen werden nur dann zum lebensbestimmenden Schicksal, wenn das Kind in der Situation und in seiner weiteren Entwicklung nicht auch andere, positivere Erfahrungen mit anderen Menschen sammeln kann.

Diese Erkenntnisse haben Folgen, Folgen für jeden einzelnen von uns. Wenn wir nicht mehr einfach alles auf unsere Eltern, deren Fehler und Versäumnisse zurückführen können, dann müssen wir unsere Fragestellung verändern. Anstatt zu fragen «Welches Kindheitserlebnis ist schuld, daß es mir heute nicht gutgeht?», sollten wir nachforschen: «Welche Fähigkeiten haben es mir damals ermöglicht zu überleben – und wie kann ich diese Fähigkeiten heute optimal nutzen?»

Aktuelle Lebensprobleme lassen sich am besten lösen, wenn Sie ein positives Bild von sich selbst entwickeln, wenn Sie sich als kompetenten Macher erleben und nicht als hilfloses Opfer. Solange Sie in der Anklagehaltung steckenbleiben und sich hilflos und ausgeliefert fühlen, wird eine Problemlösung nicht gelingen. Erkennen Sie jedoch, daß Sie zwar nicht verantwortlich waren für die frühen Jahre, daß Sie aber nun Verantwortung übernehmen müssen, können Sie auch ein negatives frühes Schicksal zum Positiven wenden. «Wenn ich die Verantwortung für mein Glück übernehme, gewinne ich an Stärke und Kraft», erklärt Nathaniel Brandon. «Damit nehme ich mein Leben wieder selbst in die Hand. Ehe ich diese Verantwortung übernehme, stelle ich sie mir als Belastung vor. Und am Ende stelle ich fest, daß sie mich befreit.»

- *sein Denken.* Selbständiges, unbeeinflußtes Denken ist heutzutage gar nicht so einfach. Wir sind einer Flut von Informationen und Meinungen ausgesetzt, die Computertechnologie hat die Faktenfülle noch unübersichtlicher werden lassen. Es ist immer schwerer geworden, sich eine eigene Meinung zu erarbeiten und seinen Standpunkt zu finden. Doch wenn wir es anderen überlassen, für uns zu denken (den Medien, Politikern, Meinungsmachern), dann schwächt das auf Dauer unser Selbstwertgefühl. Verantwortung für das eigene Denken zu übernehmen bedeutet Anstrengung und Mühe. Wir dürfen uns nicht mit den bunten Bildern des Fernsehens oder mit dem sogenannten «Infotainment», wie es moderne Nachrichtenmagazine bieten, abspeisen lassen. Die Mühe, sich Hintergrundmaterial – seriöse Zeitschriften, Tageszeitungen und Bücher – zu beschaffen und es auch zu lesen, lohnt sich. Es verschafft große innere Befriedigung, wenn Sie irgendwann feststellen, daß andere nur mit Floskeln und Scheininformationen um sich werfen, während Sie tatsächlich mit Fakten aufwarten können. Nichts stärkt das Selbstwertgefühl mehr als das Gefühl, kompetent zu sein und Wissen zu besitzen. Nur wenn wir uns unsere Unabhängigkeit im Denken bewahren, besitzen wir ein stabiles Selbst.

Der amerikanische Sozialpsychologe Martin Seligman hat bereits in den 70er Jahren festgestellt: Wenn Menschen glauben, keine Kontrolle über ihr Leben und ihre Umwelt zu besitzen, trauen sie sich selbst wenig zu und werden langfristig depressiv. Grundlage für seine Theorie der «erlernten Hilflosigkeit» waren Tierexperimente: «Mehrere Jahre haben meine Mitarbeiter und ich die Auswirkungen auswegloser Situationen auf Ratten, auf Hunde und auf Menschen untersucht. In einem typischen Experiment geben wir Ratten einen körperlich harmlosen Elektroschock, dem sie nicht ausweichen können. Danach erhalten die Ratten den Schock in einem Käfig, aus dem sie sehr leicht entweichen können. Sie versuchen dann aber nicht zu fliehen, statt dessen rennen sie herum und legen sich schließlich passiv nieder und akzeptieren die Schmerzreize. Ihre frühere Erfahrung hat sie gelehrt, daß man diesem Schock nicht aus dem Wege gehen kann. Sie sind hilflos», erklärt Seligman, obwohl sie eigentlich handeln könnten.

Seligman hat seine Beobachtungen auch in Untersuchungen mit Menschen bestätigen können. Auch sie reagieren hilflos, wenn sie glauben, keine Kontrolle über ein Ereignis ausüben zu können. Müssen sie diese Erfahrung häufiger machen, werden sie passiv, lethargisch und am Ende depressiv. Wer überzeugt davon ist, nichts bewirken und nichts beeinflussen zu können, verliert den Glauben an sich selbst.

Wenn auch Sie feststellen, daß Sie in wichtigen Bereichen Ihres Lebens die Verantwortung an andere abgegeben haben, dann ist es nicht verwunderlich, wenn Sie sich häufig hilflos, energielos und machtlos fühlen. Holen Sie sich die Verantwortung zurück. Übernehmen Sie wieder das Ruder. Es ist Ihr Lebensboot – das sollte niemand anderer steuern als Sie selbst. Warten Sie nicht darauf, daß jemand anderer Ihre Wünsche errät und erfüllt, hoffen Sie nicht darauf, daß Ihnen Entscheidungen abgenommen werden, blicken Sie nicht voller Energie und Zorn zurück, sondern legen Sie all Ihre Kraft in die Zukunft. Ergreifen Sie die Verantwortung. Nur so können Sie ein Gefühl für die eigene Kompetenz bekommen. Und Kompetenz ist, wie Sie aus der Einleitung wissen, eines der vier wichtigen Standbeine Ihres Selbstwertes.

VI.

Du sollst nicht alles persönlich nehmen

«Gott, war das peinlich! Ich könnte jetzt noch vor Scham in den Boden versinken.» Wohl jeder kennt solche Situationen, in denen man sich eine Tarnkappe wünscht. Wenn Sie kein starkes Selbstwertgefühl besitzen, dann können schamvolle Erlebnisse allerdings zur Tortur werden. Wie im Fall einer Werbeleiterin, die ihrem Kunden eine brillante Kampagne präsentiert und erst anschließend merkt, daß eine große Laufmasche ihr schlankes Bein verunziert hatte. Der Gedanke, daß die versammelte Herrenmannschaft nur auf ihre kaputten Strümpfe, nicht aber auf ihre Präsentation geachtet haben könnte, ließ sie nicht mehr los. Ihre Gedanken kreisten nur noch um das peinliche Geschehen, ihre Leistung zählte für sie nicht mehr. Scham ist ein nagendes Gefühl, das uns langfristig blockieren kann, wenn wir das Vorgefallene allzu ernst nehmen.

Schamgefühle sind ein großer Feind des Selbstwertgefühls. Eine Voraussetzung für die Entstehung von Scham ist, daß wir keinen starken Glauben an die eigenen Fähigkeiten haben und vor lauter Angst, etwas falsch zu machen, unerbittlich mit uns selbst werden. Eine zweite Voraussetzung ist, daß wir uns in unserer angeblichen Schwäche ertappt fühlen. Andere sind uns, real oder vermeintlich, auf die Schliche gekommen.

Wer das Glück hat, über ein starkes Selbstwertgefühl zu verfügen, ist weniger schamanfällig. Auch er registriert seine Fehler, aber er hält sich deswegen noch nicht für grundsätzlich unzulänglich. Es gelingt ihm, peinlichen Situationen ihren Stachel zu nehmen, indem er sie nüchtern und realistisch betrachtet oder einfach ignoriert, wie eine psychologische Studie zeigt: Studenten und Studentinnen wurden gebeten, eine Situation zu beschreiben, in der sie einen anderen Menschen psychisch verletzt hatten. Die Schilderungen waren sehr aufschlußreich: Selbstwertstarke Personen neigten dazu, von der unangenehmen Situation abzulenken und – ungefragt – positive Informationen über sich selbst zu liefern: «Ich bin ein warmherziger Mensch», «Eine Woche später habe ich ein Turnier gewonnen». Und sie rechtfertigten ihr Verhalten als angemessen und notwendig: «. . . so war es am besten für uns beide.»

Personen mit schwachem Selbstwertgefühl dagegen schämten sich ihres Vergehens und sagten häufiger, daß sie das Vorkommnis sehr bereuen.

Wer ein schwaches Selbstwertgefühl besitzt, ist anfällig für «kognitive Irrtümer». Dieser Begriff stammt aus der Verhaltenstherapie und beschreibt das Phänomen, daß manche Menschen Ereignisse falsch und selbstschädigend bewerten.

Der Philosoph Epiktet hat dies so ausgedrückt: «Nicht die Dinge beunruhigen die Menschen, sondern die Vorstellungen von den Dingen.» Wenn uns also etwas peinlich ist, wenn wir glauben, vor Scham in den Boden versinken zu müssen, dann handelt es sich sehr häufig um einen «kognitiven Irrtum»: Wir haben eine falsche Vorstellung von dem Ereignis, seinen Auswirkungen und von uns selbst.

Um das Selbstwertgefühl zu stärken, müssen wir dafür sorgen, daß die «kognitiven Irrtümer» aus unserem Denken verschwinden – und mit ihnen unsere nagenden Schuldgefühle.

So manche Situation, die Sie als «peinlich» bewerten, wird erst durch die Art Ihrer Gedanken so richtig schlimm. Es ist daher wichtig, anders denken zu lernen. Das gelingt mit der A-B-C-Methode, einer Technik aus der kognitiven Verhaltenstherapie. Der Buchstabe A steht dabei für das «Auslösende Ereignis», B steht für «Bewertung des Ereignisses» und C bedeutet «Consequenz»: Welche emotionale Auswirkung – *Consequenz* – hat das auslösende Ereignis? Bewerten Sie es ausschließlich negativ, werfen Sie sich selbst Versagen vor, dann werden Sie sich elend und schwach fühlen und sich schämen. Verändern Sie die Bewertung, dann können Sie Schamgefühle verhindern und Ihr Selbstwertgefühl schützen.

Ein Beispiel für eine ungünstige A-B-C-Kette:

A: Sie sagen im Streit mit einem Kollegen: «Ich habe diese ständigen Quälereien satt!» Er bemerkt süffisant (und bekommt damit die Oberhand): «Sie meinen wohl Querelen. Ja, wenn man sich nicht richtig ausdrücken kann, sollte man besser schweigen.»

B: Sie denken: «Ich bin wirklich dämlich. Und er weiß das.»

C: Sie schämen sich.

Wenn Sie sich bei einem derart ungünstigen A-B-C-Denkablauf ertappen, fangen Sie an, mit sich selbst zu diskutieren: Wieso beschimpfe ich mich selbst als dämlich? Ist es denn wirklich eine Blamage, wenn man im Eifer des Gefechts ein falsches Wort benutzt? Ist das nicht schon anderen Menschen als mir passiert? Fragen Sie sich weiter: Gibt es eine Möglichkeit, die Angelegenheit weniger destruktiv zu betrachten? Ziel dieser Diskussion mit sich selbst ist es, Ihre Überzeugungen anzufechten und alternative Erklärungen zu finden. Um bei dem Beispiel zu bleiben: Wenn Sie feststellen, daß nicht Ihre «Halbbildung» schuld ist an der falschen Wortwahl, sondern daß es sich ganz einfach um einen Versprecher handelt, werden Sie eine andere emotionale *Consequenz* erleben und selbstbewußt auf die Bemerkung des Kollegen reagieren können: «Sie haben sich wohl noch nie versprochen.» Oder: «Sie wissen ganz genau, was ich sagen wollte, lenken Sie jetzt nicht von der Sache ab.»

Was aber, wenn Sie keine alternativen Erklärungen finden und das Schamgefühl nicht weichen will? Dann treten Sie auf die «Schambremse» – fragen Sie nach den Folgen, die das Ereignis hat. Ist der Fehler oder das Mißgeschick wirklich so tragisch? Hat es langfristige Auswirkungen, daß Sie Ihr Projekt mit einer Laufmasche präsentiert haben? Wohl kaum. Die meisten Peinlichkeiten, die selbstwertschwachen

Menschen so manch schlaflose Nacht kosten, haben, bei Licht betrachtet, gar nicht die verheerenden Auswirkungen, die sie sich in der Phantasie ausmalen.

Die A-B-C-Methode ist nicht nur als Abwehr gegen selbstwertschädigende Schamgefühle hilfreich. Sie ist auch dann nützlich, wenn Sie dazu neigen, alles viel zu persönlich zu nehmen, wenn Sie das, was andere tun oder lassen, immer sofort auf sich beziehen.

Ihr Chef, der sonst immer ein paar freundliche Worte mit Ihnen wechselt, geht heute schnellen Schrittes mit einem kurzen Nicken an Ihnen vorbei. Prompt fragen Sie sich irritiert: «Hat er etwas gegen mich? Habe ich etwas falsch gemacht? Hätte ich beim letzten Meeting zurückhaltender sein sollen?»

Ein Freund hatte versprochen: «Ich ruf' dich an.» Nun ist schon eine Woche vergangen, und der versprochene Anruf kam bislang noch nicht. Sie sind beunruhigt und denken darüber nach, ob er Ihre Freundschaft vielleicht nicht mehr will. Haben Sie sich ihm zu sehr aufgedrängt? Ist seine Freude, wenn er Sie sieht, nur geheuchelt?

Im Lokal haben Sie Schwierigkeiten, den Kellner auf sich aufmerksam zu machen. Alle anderen Gäste bedient er mit größter Zuvorkommenheit. Sie aber läßt er warten. Sie haben das Gefühl, ein Gast zweiter Klasse zu sein.

Wenn Sie Situationen wie diese sehr persönlich nehmen, dann ist das ein weiterer Hinweis darauf, daß Sie zu negativ über sich denken, daß Ihr Selbstwertgefühl zu wenig ausgeprägt ist. Alles und jedes beziehen Sie ungeprüft auf sich.

Was andere Menschen auch tun, Sie denken, es habe etwas mit Ihnen zu tun. Weil Personen mit niedrigem Selbstwertgefühl selbst permanent mit den eigenen Schwächen und Mängeln beschäftigt sind, gehen sie selbstverständlich davon aus, daß andere diese Mängel sofort bemerken und darauf reagieren: «Der Chef hat mich nicht in gewohnter Weise gegrüßt – etwas muß ich falsch gemacht haben; der Freund ruft nicht an – ich habe ihn verärgert; der Kellner beachtet mich nicht – ich bin nichts wert.» Wer von sich selbst nicht überzeugt ist, erwartet es im Grunde gar nicht, von anderen respektiert zu werden.

Sehr viel stärker als das männliche neigt das weibliche Geschlecht zu dieser «Egozentrik». Frauen machen sich schnell und bereitwillig über andere Menschen, deren Gefühle und Gedanken Sorgen. Empathie, sich in andere einfühlen können, nennt man die positive Seite dieser Eigenschaft, um quälerische Überempfindlichkeit handelt es sich dagegen, wenn eine Frau alles, was andere tun oder lassen, persönlich nimmt und damit ihrem Selbstwertgefühl großen Schaden zufügt.

Wenn auch Sie zu dieser selbstschädigenden «Egozentrik» neigen, sollten Sie sich schleunigst einen Schutzschild zulegen, der Ihnen hilft, die Einflüsse der Außenwelt abzuwehren und von der Meinung anderer unabhängiger zu werden. Wann immer Sie merken, daß Sie etwas zu persönlich nehmen, versuchen Sie es mit der A-B-C-Methode:

Auslöser: Der Chef grüßt nicht. *Bewertung:* Fragen Sie sich in altbewährter Weise: «Was habe ich falsch gemacht?», wird die *Consequenz* Beunruhigung sein. Beziehen Sie das Verhalten des Chefs jedoch nicht auf sich und versuchen, eine alternative Erklärung dafür zu finden, geraten Sie nicht in emotionale Turbulenzen. Ihr Selbstwert bleibt unangetastet.

Die A-B-C-Methode hilft Ihnen, Kontrolle über Ihre Gedanken zu gewinnen. Wie und was Sie denken, ob es Sie verunsichert oder stärkt, das haben Sie in der Hand. Sobald Sie merken, daß Sie sich über das Verhalten oder Nichtverhalten eines Menschen zuviel Gedanken machen, kann eine simple Methode helfen, die aus der Verhaltenstherapie stammt und sich dort sehr bewährt hat: die Methode «Gedankenstopp».

Sie denken: «Was hat der Chef gegen mich?» Sie sagen innerlich zu sich: STOPP! Und ersetzen Ihren Gedanken durch einen alternativen, der nichts mit Ihnen zu tun hat. «Er hat schlecht geschlafen, er hat Ärger mit einem Projekt, er hat Zoff zu Hause. Mit mir hat sein mürrisches Verhalten jedenfalls nichts zu tun. Soweit ich weiß, ist nichts vorgefallen zwischen uns.»

Sie denken: «Der Freund will nichts mit mir zu tun haben.» STOPP! «Nein, er ist gerne mit mir zusammen. Das letzte Mal haben wir bis in die Nacht hinein gequatscht. Er hat sicher Probleme, die ihn davon abhalten, mich anzurufen.»

Sie denken: «Ich habe einfach kein Auftreten, sogar der Kellner übersieht mich.» STOPP! «Das Lokal ist überfüllt, er kommt mit den Bestellungen nicht nach.»

Regelmäßig angewandt hilft diese Methode, negative Selbstgespräche bewußtzumachen und sie langsam, aber sicher zum Verstummen zu bringen.

Manchmal aber gibt es hartnäckige Fälle. Die Selbstzweifel wollen einfach nicht weichen. Dann müssen Sie die Initiative ergreifen. Verschaffen Sie sich Klarheit. Wenn Sie das Gefühl nicht loswerden, doch etwas mit dem seltsamen Verhalten des anderen zu tun zu haben, mutmaßen Sie nicht allzulange herum. Je länger Sie darüber nachdenken, desto weniger wagen Sie es, den anderen anzusprechen. Diese Mutlosigkeit aber schwächt Ihr Selbstwertgefühl. Um das zu vermeiden, fragen Sie den anderen direkt. Beispiel Chef: «Ich registriere eine Veränderung in Ihrem Verhalten mir gegenüber. Habe ich Sie verärgert?» Beispiel Freund: «Ich warte nun schon eine Woche auf deinen Anruf. Gibt es einen Grund, warum du dich bislang nicht gemeldet hast?» Beispiel Kellner: «Sie haben wirklich viel zu tun. Aber leider habe ich nicht viel Zeit, deshalb möchte ich jetzt bestellen.»

Wie auch immer Sie im Einzelfall vorgehen: Zerbrechen Sie sich nicht den Kopf anderer. Manchmal kann es sinnvoll sein, eine Situation zu klären – tun Sie es konsequent und zielgerichtet. In den meisten Fällen aber reicht es aus, wenn Sie sich einmal die Frage stellen: «Was hat das mit mir zu tun?» Finden Sie darauf keine Antwort, sollten Sie es anderen Menschen nicht länger erlauben, Ihre Gedanken zu blockieren. Nehmen Sie nicht alles persönlich. Sorgen Sie statt dessen dafür, daß Ihr Kopf frei bleibt für die Dinge, die Ihnen wirklich wichtig sind.

VII.

Du sollst klar und deutlich deine Meinung äußern

- Sie sagen etwas, aber niemand hört wirklich zu.
- Sie machen einen guten Vorschlag, auf den keiner reagiert. Aber einige Zeit später präsentiert ein Kollege Ihre Idee als seine.
- Sie haben eine konkrete Vorstellung davon, wo und wie Sie Ihren Urlaub verbringen wollen. Sie möchten gerne in die Berge fahren aber am Ende hat sich wieder die Familie durchgesetzt, und Sie fahren doch ans Meer, wo Sie überhaupt nicht hin wollten.
- Jemand macht in Ihrer Gegenwart eine rassistische Bemerkung. Sie sind innerlich empört, aber Sie widersprechen nicht.

Kommen Ihnen Situationen wie diese bekannt vor? Passiert es Ihnen immer wieder, daß Sie nicht durchdringen mit Ihren Vorstellungen und Wünschen oder sie erst gar nicht zu äußern wagen?

Wenn das Selbstwertgefühl geschwächt ist, können wir uns in den unterschiedlichsten Situationen nicht durchsetzen. Und mit jeder neuen Erfahrung der Ohnmacht sinkt unsere Zuversicht weiter. Es ist also ganz wesentlich für ein starkes Selbstwertgefühl, daß wir lernen, uns selbstsicher zu behaupten.

Selbstbehauptung wird häufig mißverstanden. Sich zu behaupten, das bedeutet nicht, rücksichtslos seine Interessen durchzusetzen, aufzutrumpfen oder ganz gegen seine Natur dominant aufzutreten. Ebensowenig bedeutet es, andere zu manipulieren oder auszutricksen, um seine Ziele besser zu erreichen. Und es hat auch nichts mit Selbstbehauptung zu tun, wenn man gegen jedes und alles eine unkritische Protesthaltung einnimmt, um zu zeigen: Seht her, welch ein unabhängiger Mensch ich bin.

Gesunde Selbstbehauptung bedeutet vielmehr:
- Sie sind überzeugt davon, daß Ihre Wünsche und Vorstellungen wichtig sind und ernst genommen werden sollten;
- Sie kennen Ihre Bedürfnisse und bringen sie angemessen zum Ausdruck;
- Sie halten mit Ihren Ansichten und Einstellungen nicht hinter dem Berg, aus Angst, Sie könnten etwas Falsches sagen oder jemand anderen vor den Kopf stoßen;
- Sie machen sich und anderen klar, daß Sie nicht auf der Welt sind, um deren Erwartungen zu erfüllen.

In unserer Gesellschaft ist es heute gar nicht so einfach, sich selbst zu behaupten. Mit der Masse mitzuschwimmen scheint für viele die bequemere Alternative zu sein. Nur nicht auffallen, heißt die Devise. Und so haben viele von uns zwei Gesichter: ein öffentliches und ein privates. Das öffentliche Gesicht verrät nach Möglichkeit nicht, was wir denken und wie wir uns fühlen. Die anderen sollen nur ja nicht merken, daß wir anderer Meinung sind oder – noch schlimmer – daß wir so «unpassende» Gefühle haben wie Wut, Traurigkeit oder Aggression. Wer wir wirklich sind, zeigen wir nur im Privaten. Doch selbst da gelingt es uns häufig nicht mehr, die Maske der Anpassung abzulegen. Kein Wunder: Je mehr wir uns öffentlich verbiegen, desto mehr entfernen wir uns von uns selbst. Irgendwann wissen wir selbst nicht mehr so genau, wer wir eigentlich sind. Wir bezahlen für unsere Anpassungsleistung mit körperlichen und psychischen Krankheiten (die Depression ist zum Beispiel häufig eine Folge allzu gekonnter Selbstverleugnung); auf jeden Fall aber bezahlen wir mit einem niedrigen Selbstwertgefühl.

Wenn Sie Ihre Selbstachtung nicht verlieren und wenn Sie von anderen respektiert werden wollen, müssen Sie zeigen, wer Sie sind. Das gelingt Ihnen am besten, wenn Sie sich einen selbstbewußten Kommunikationsstil aneignen.

Frauen, so hat die Linguistikprofessorin Deborah Tannen in ihren Forschungsarbeiten festgestellt, gehören häufig zu den Unterlegenen, weil sie durch ihre Art zu sprechen falsche Signale setzen. «Frauen benutzen häufig einen indirekten, selbstkritischen Stil und behandeln Dinge in einer Art, die es dem Gesprächspartner erlaubt, sein Gesicht zu wahren – und das wird von Männern leicht mißverstanden. Zum Beispiel: Eine Frau sagt zu einem Untergebenen, der unvorbereitet zu einer Besprechung kommt: ‹Tut mir leid, ich habe Sie nicht daran erinnert, daß dieser Punkt heute auf der Tagesordnung steht.› Sie erwartet, daß er antwortet: ‹Ich hätte es wissen müssen. Sie haben mich informiert.› Aber statt dessen schweigt er wahrscheinlich und denkt: ‹Wenn sie die Schuld übernehmen will, laß sie.›» Diese Freundlichkeit und Bescheidenheit, so Tannen, hat für Frauen, die sich durchsetzen wollen, fatale Konsequenzen, die sich in einem einzigen Satz zusammenfassen lassen: Ihre Autorität wird untergraben. Gleichgültig, wie gut ihre Vorschläge sind, gleichgültig, wie klug ihre Rede ist, solange eine Frau nicht erkennt, daß «Gespräche und Diskussionen immer noch nach den Regeln der Männer ablaufen», wird sie sich nur schwer Gehör verschaffen können.

Wie Deborah Tannen ausführt, werden diese Regeln schon sehr früh installiert. «Mädchen lernen sehr früh, daß es sich nicht schickt, mit Leistungen zu prahlen oder darüber zu sprechen oder sonst in irgendeiner Weise aufzufallen. Wenn in Mädchengruppen sich ein Mädchen in den Mittelpunkt stellt und zeigt, daß es mehr weiß, dann erlebt es oft eine negative Reaktion. Und wenn ein Mädchen die Kühnheit besitzt, anderen Mädchen zu sagen, was zu tun ist, dann wird es als herrschsüchtig bezeichnet.» Die Folge davon ist im späteren Leben falsche Bescheidenheit: Frauen sind sehr bemüht, ihre Autorität zu verleugnen und sich auf eine Stufe mit Untergebenen zu stellen. Nur ja nicht die Chefin spielen, so lautet ihr Motto selbst dann, wenn sie die Chefin sind.

Durchsetzen werden Sie sich also nur, wenn Sie lernen, Ihre Kraft und Stärke, Ihr Wissen und Ihre Intelligenz auch verbal zum Ausdruck zu bringen. Lassen Sie Ihre Mitmenschen nicht im unklaren über sich, Ihre Meinung und Ihren Standpunkt. Sie müssen deswegen nicht zum Besserwisser werden. Aber solange Sie nicht Ihre Haltung verdeutlichen, laufen Sie Gefahr, daß andere Ihnen ihre Meinung aufdrücken.

- Stellen Sie Ihr Licht nicht unter den Scheffel, stellen Sie sich nicht dümmer als Sie sind. Menschen mit geringem Selbstwertgefühl neigen dazu, den auftrumpfenden und selbstbewußten Zeitgenossen freiwillig das Feld zu überlassen. Statt einen eigenen Beitrag zu leisten, stellen sie dem anderen brav Fragen, heucheln Interesse, obwohl sie eigentlich gar keines haben. Wann immer Sie in Gefahr kommen, einen anderen in seinen Monologen zu unterstützen, bemühen Sie sich, «einen Fuß in die Tür zu bekommen». Sprich: Schalten Sie sich ein, sagen Sie, was Ihre Meinung zu der jeweiligen Angelegenheit ist.
- Wenn Sie Ihre Meinung äußern, achten Sie darauf, daß Sie dies ohne Zögern tun. Beenden Sie Ihre Sätze, lassen Sie sie nicht in der Schwebe. Es ist ein typisches Merkmal weiblichen Kommunikationsstils, einen Satz nicht abzuschließen. Sätze wie «Ich denke auch, daß diese Lösung nicht wirklich...» oder «Die Politik der neuen Regierung ist irritierend, aber... na, ja...» laden Ihr Gegenüber geradezu dazu ein, Ihnen ins Wort zu fallen oder den Satz nach eigenem Gutdünken zu Ende zu führen.
- Beginnen Sie Ihre Sätze mit «Ich erkläre...», «Ich

will...», «Ich bin überzeugt davon...». Vermeiden Sie vage Aussagen wie «Ich würde meinen...» oder «Denken Sie nicht auch, daß...?» Wenn Ihr Gesprächspartner merkt, daß Sie von einer Sache überzeugt sind, kann er Ihre Argumente nicht so einfach vom Tisch wischen oder gar übergehen.

- Formulieren Sie Ihren Standpunkt so konkret wie möglich. Vermeiden Sie indirekte Anspielungen oder Vorwürfe. Wenn Sie sich zum Beispiel ärgern, weil eine Freundin ständig zu spät kommt, sagen Sie nicht: «Mit mir kannst du das ja machen, immer kommst du zu spät.» Sprechen Sie lieber unmißverständlich aus, was Sie von ihr erwarten: «Ich möchte mich auf dich verlassen können. Das nächste Mal sei bitte pünktlich, oder sag' rechtzeitig Bescheid, wenn du den Termin nicht einhalten kannst.»
- Ein weiterer wichtiger Punkt, wenn Sie lernen wollen, sich durchzusetzen: Entschuldigen Sie sich nicht ohne Grund. Viele selbstwertschwache Menschen neigen dazu, ihre eigenen Aussagen und Aktionen durch anschließende Entschuldigungen wieder abzuschwächen. So glaubt die Angestellte, die es in der Konferenz gewagt hatte, dem Vorgesetzten zu widersprechen, sich später bei ihm entschuldigen und sich erklären zu müssen. Es ist immer ein Zeichen von mangelndem Selbstwertgefühl, wenn Durchsetzungsversuche von Schuldgefühlen begleitet werden. Auch Deborah Tannen rät jeder Frau eindringlich: «Hören Sie auf, sich ständig zu entschuldigen,

wenn Sie es nicht so meinen. Das ist ein typisches Ritual von Frauen, um anderen zu helfen, ihr Gesicht zu wahren. Wenn Sie keine Schuld trifft, dann übernehmen Sie auch nicht die Verantwortung. Beißen Sie sich lieber auf die Zunge!»

- Wenn Sie eine Meinung, einen Wunsch, einen Standpunkt äußern, sagen Sie «ich», niemals «man». Es macht einen deutlichen Unterschied, ob Sie sagen: «Ich mache den Vorschlag, daß wir das so und so machen» oder: «Man könnte das auch so machen.»
- Durchsetzen kann sich auf Dauer nur, wer sich nicht scheut, auch seinen Gefühlen Ausdruck zu verleihen. Respekt wird uns von anderen nur dann entgegengebracht, wenn sie erleben, daß wir nicht nur zu unseren Meinungen, sondern auch zu unseren Gefühlen stehen. Wir vergeben uns nichts, wenn wir Ärger, Wut, Enttäuschung, aber auch Freude und Zufriedenheit angemessen ausdrücken.
- Widerstehen Sie der Versuchung, sich mit den Menschen in Ihrer Umgebung zu verbünden. Wenn Sie eine Führungsposition haben, dann bringen Sie sich nur in unnötige Schwierigkeiten, wenn Sie so tun, als seien alle anderen mit Ihnen gleichgestellt. Frauen neigen dazu, sehr schnell mit anderen eine private Ebene herzustellen, Persönliches zu erzählen oder sich erzählen zu lassen. Sie interessieren sich für die Probleme ihrer Untergebenen, schließen sich ihnen beim Mittagessen an und fragen sie – demokratisch eingestellt, wie sie nun mal sind – häufig um

ihre Meinung. Wenn Sie sich durchsetzen wollen, müssen Sie sich dieses nette Verhalten verkneifen. Halten Sie unbedingt Abstand, auch wenn es Ihnen schwerfällt. Wenn Sie nicht selbst Ihre Autorität untergraben wollen, müssen Sie in Haltung und Verhalten diese Autorität zum Ausdruck bringen.

Sich durchsetzen bedeutet auch, sich von anderen nicht aus dem Konzept bringen zu lassen. Wenn die Mitmenschen es gewohnt sind, daß Sie stillschweigen und Ihre Interessen und Bedürfnisse zurückstellen, werden sie mit Sicherheit zunächst Ihr neues Selbstverständnis bekämpfen. Möglicherweise wird Ihnen der Vorwurf gemacht, Sie seien neuerdings so «egoistisch», «rücksichtslos», Sie würden Ihre Familie, die Kinder, die Freunde vernachlässigen. Lassen Sie sich nicht verunsichern: Ihre Umwelt wird sich nicht nur daran gewöhnen, daß auch Sie eine eigene Meinung haben; sie wird sie auch zunehmend respektieren.

Verbale Durchsetzungsfähigkeit ist aber nur eine Seite der Medaille. Ebenso wichtig ist es, sich *körpersprachlich* Aufmerksamkeit zu verschaffen. Die Erkenntnis, daß sich ein schwaches Selbstwertgefühl nicht nur im verbalen Ausdruck zeigt, sondern auch in der Haltung, der Stimme, der Mimik, dem Blickkontakt, ist nicht neu. Schon der Freud-Schüler Wilhelm Reich hat sich mit dem Zusammenhang zwischen Körperausdruck und Seelenleben beschäftigt. Heute gibt es unterschiedliche Therapien und Schulen, die helfen, den eigenen Körperausdruck und die damit verbundenen Botschaften kennenzulernen. Am meisten profitieren von dem gesammelten Wissen können natürlich Frauen. Anders als Männer verzichten sie immer noch auf Macht- und Dominanzgesten und senden statt dessen körpersprachliche Signale der Schwäche und der Harmlosigkeit aus. Ihre Machtmittel sind begrenzt, wie die Psychologin Gitta Mühlen Achs feststellt. «Frauen sollen sich mit ‹Charme›, mit erotischer Ausstrahlung, Schmeicheleien oder demonstrativer Unterwerfung durchzusetzen versuchen und geraten dadurch selbstverständlich automatisch ins Hintertreffen.» Als Beleg für ihre These dient ihr ihre Sammlung von über 2000 Bildern aus Werbung, Tageszeitungen, Illustrierten und Katalogen, die deutlich machen, daß «Weiblichkeit weitgehend durch kindliche Verhaltensmuster dargestellt wird, die ursprünglich deren relative Schwäche, Schutzbedürftigkeit und mangelndes Selbstbewußtsein zum Ausdruck bringen». Frauenbilder sind Bilder der Unterwerfung, wie Mühlen Achs an eindrucksvollen Beispielen aus ihrer Sammlung aufzeigt:

- Während Männer durch aufrechte, beherrschte und gelassene Haltung Selbstbewußtsein demonstrieren und breitbeinig Stellung beziehen, machen Frauen einen unsicheren Eindruck: schmale Fußstellung, abgewinkeltes Bein, schlangenartige Haltung signalisieren Unsicherheit.
- Unsicher und verlegen wirken Frauen auch dann, wenn sie sitzend abgebildet werden. Anders als Männer erobern

sie Sitzflächen nicht mit großer Selbstverständlichkeit, sondern sitzen verkrampft und angespannt auf der Stuhlkante, beanspruchen möglichst wenig Platz.
- Ein weiteres typisches Unterwerfungssignal: das Schieflegen des Kopfes. Eine Frau, die den Betrachter mit schiefgelegtem Kopf anblickt, wirkt liebenswürdig, aber auch harmlos, wenn nicht gar demütig. Das Gegenüber soll durch diese Körperhaltung beschwichtigt werden. Männer dagegen sind «halsstarrig»: Sie halten ihren Kopf genauso gerade wie den Körper.
- Wie wenig Raum Frauen für sich beanspruchen, belegt auch die Armhaltung der abgebildeten Frauen. Männer stemmen ihre Arme in die Hüfte oder verschränken sie lässig hinter dem Kopf. Frauen dagegen halten ihre Arme eng am Körper und vermeiden ausladende Gesten.
- Männer blicken ernst oder lächeln zynisch, Frauen lächeln freundlich oder blicken erotisch-lasziv. Dies ein weiteres Ergebnis der Bilderanalyse. Nur selten lassen die dargestellten Männer auf Emotionen schließen, während Frauen aus ihrem Herzen anscheinend keine Mördergrube machen. Ihr Lächeln wirkt freundlich, harmlos, entgegenkommend.

Diese Analyse der Medienbilder von Männern und Frauen zeigt, daß es nach wie vor eine typisch weibliche und typisch männliche Körpersprache gibt. Will man die Unterschiede auf einen Nenner bringen, so kann man festhalten: Die Möglichkeiten der Frauen, Macht zu demonstrieren und sich durchzusetzen, sind durch die «gängigen» weiblichen körpersprachlichen Mittel deutlich eingeschränkt. Ihnen fehlen, anders als Männern, die selbstbewußten Gesten der Macht.

Für Ihre Durchsetzungsfähigkeit bedeutet das: Wollen Sie den bestmöglichen Eindruck hinterlassen und sich behaupten, dann dürfen Sie nicht darauf hoffen, daß jemand Ihre Fähigkeiten – wie ein Detektiv – schon herausfinden wird. Sie müssen verbal *und* nonverbal auf sich aufmerksam machen. Ihr Selbstwertgefühl muß sich in Sprache *und* Körpersprache ausdrücken. Dies gelingt Ihnen, wenn Sie nonverbale «Fallstricke» vermeiden:

- Lächeln Sie nicht, wenn es keinen Grund dazu gibt. Frauen lächeln in Gesprächssituationen sehr viel häufiger als Männer und signalisieren damit: «Vor mir brauchst du dich nicht fürchten. Ich bin dir freundlich gesinnt.» Das Signal kommt an: Eine ohne Grund lächelnde Person wird nicht gefürchtet, aber auch nicht wirklich ernst genommen. Außer im «Land des Lächelns» wird unmotiviertes Lächeln als ein Unterwerfungszeichen gewertet. Also: Bleiben Sie ernst, wenn es um ernste, sachliche Dinge geht.
- Erinnern Sie sich an Prinzessin Dianas Blick? Diesen schüchternen, von unten nach oben gerichteten Augenaufschlag? Auch wenn Sie vielleicht ein Diana-Fan sind – diesen Blick sollten Sie auf keinen Fall imitieren. Indirekte, von unten nach oben zielende Blicke wirken alles

andere als selbstsicher. Besser: Mit dem Gegenüber möglichst viel Blickkontakt halten. Aber Vorsicht: Nicht anstarren. Das verunsichert und wird als unangenehm empfunden.
- Achten Sie auf Ihre Gestik. Männer, das zeigt jede Beobachtung, reden mit Händen und Füßen. Sie machen weit ausladende Bewegungen, beanspruchen dabei viel Raum und sind dennoch mit ihren körpersprachlichen Äußerungen sparsamer als Frauen. Psychologen haben Männer und Frauen in Konferenzen beobachtet und festgestellt: Im Durchschnitt machen Männer 12 Bewegungen, Frauen deutlich mehr, nämlich 27. Allerdings sind die Gesten der Frauen reduzierter als die der Männer: Frauen nesteln an ihren Haaren oder an ihrem Schmuck, bewegen Finger und Hände beim Sprechen, aber ihre Bewegungen wirken zurückgenommener. Betrachter werten weibliche Gesten häufig als Zeichen von Nervosität und reagieren selber unruhig auf die körpersprachlichen Äußerungen der Frauen. Deshalb: Gehen Sie sparsam mit Gesten um. Spielen Sie nicht mit Ihren Haaren, fingern Sie nicht an Ihrer Kette, und lassen Sie auch Ihr Ohrläppchen in Ruhe. Wählen Sie statt dessen große, ausladende Arm- und Handbewegungen.
- Als selbstwertschwacher Mensch versuchen Sie, möglichst nicht aufzufallen. Sie machen sich auch körperlich klein. Niemals würden Sie es wagen, viel Raum in Anspruch zu nehmen. Eng zusammengestellte Beine und verschränkte Arme, eine gebeugte Haltung sind Ihre

«Markenzeichen». Eine sehr gute Übung für den Anfang: Stellen Sie sich vor, in der Mitte Ihres Brustkorbes sei ein Band befestigt, das Sie nach oben zieht. Unwillkürlich werden Sie sich aufrichten, die Schultern straffen sich, Sie tragen den Kopf höher. Und: Wenn Sie Platz nehmen, nehmen Sie sich wirklich Platz! Setzen Sie sich nicht nur auf die Stuhlkante, sondern nehmen Sie die ganze Sitzfläche ein; verknoten Sie nicht Ihre Beine um das Stuhlbein, sondern stellen Sie sie leicht geöffnet fest auf den Boden.

- Achten Sie mal darauf: Machen Sie anderen Menschen auf der Straße, auf dem Flur in der Firma automatisch Platz? Weichen Sie aus, weil andere – meist Männer – strikt ihren Kurs verfolgen? Amerikanische Psychologen beobachteten das Verhalten von Männern und Frauen auf einer schmalen Straße. Um aneinander vorbeizukommen, mußte einer ausweichen. Nach allen Regeln der Höflichkeit hätte der Mann Platz machen müssen, wenn ihm eine Frau entgegenkam. Das aber war in dieser Studie nicht der Fall: Die Frauen wichen so bereitwillig dem Mann aus, daß diesem gar keine Zeit für eine Höflichkeitsgeste blieb.

Auch diese Studie zeigt: Frauen beanspruchen zu wenig Raum für sich selbst. Deshalb üben Sie bei der nächsten Gelegenheit: Weichen Sie nicht aus. Halten Sie Ihren Kurs – und warten Sie ab, wie gut Sie sich fühlen werden, wenn eine andere Person Ihnen Platz macht.

Wenn Sie möchten, daß Ihre innere Stärke und Kompetenz von anderen wahrgenommen und respektiert wird, sollten Sie die Qualität Ihrer «Auftritte» verbessern. Eine straffe Haltung und gelassene, sichere Gesten sind schon die halbe Miete. Wenn es Ihnen dann noch gelingt, die Signale, die Ihr Körper sendet, mit Ihren Äußerungen in Übereinstimmung zu bringen, dann stehen Sie sich selbst nicht mehr länger im Wege.

VIII.

Du sollst dich mit deinen Stärken und Schwächen akzeptieren

«Wie seh' ich aus?», «Was sagt die Waage?» Tagtäglich, ehe Sie das Haus verlassen, prüfen Sie vor dem Spiegel mit kritischem Blick, ob Sie in punkto Aussehen mithalten können. Nur selten fällt diese Selbstprüfung zu Ihren Gunsten aus: Die Waage hat zu viele Pfunde angezeigt, das teure Kostüm macht blaß, und die Frisur will auch nicht sitzen. Sie sind unzufrieden, mehr als unzufrieden mit Ihrem Aussehen.

Es braucht nicht viel Phantasie, um sich vorzustellen, wie stark und beeindruckend Sie auftreten, wenn der Blick in den Spiegel Ihnen bereits am frühen Morgen einen Dämpfer versetzt hat. Eine Frau, die den ganzen Tag daran denken muß «Ich darf nicht zuviel essen» oder «Hoffentlich bemerkt niemand meine geschwollenen Augen», kann sich nicht auf das eigentlich Wichtige – ihre Aufgaben, ihre Projekte, ihre Ziele – konzentrieren. Die Sorge um das äußere Erscheinungsbild kostet sie ebensoviel Kraft wie der Versuch, eine strenge Diät einzuhalten.

Eine erfolgreiche Marketingchefin hat ein Schönheitsmanko, wie sie meint. Sobald sie aufgeregt ist, bekommt sie rote Flecken am Hals. Obwohl sie diesen kritischen Bereich mit Halstüchern kaschiert, kann sie in Meetings an nichts anderes denken als «Hoffentlich bekomme ich keine Flekken!». Das regt sie so auf, daß sich ihr Hals – natürlich – rötet. Wie der Tausendfüßler ins Stolpern gerät, wenn er plötzlich anfängt darüber nachzudenken, welchen Fuß er vor den nächsten setzen soll, so werden auch Frauen durch ihr permanentes Nachdenken über ihr Äußeres verunsichert. Eine Verunsicherung, die sie ablenkt, ihre Leistung und ihr Selbstwertgefühl schwächt. Frauen, die sich um ihr Aussehen sorgen, werden niemals ihre Stärke ausleben können.

Zugegeben: Es ist für eine Frau heute ziemlich schwer, sich gegen das überzogene Schönheitsideal, das extreme Schlankheit und glatte Attraktivität vorschreibt, zu wehren. Sie bekommt in den Medien und in der Werbung kaum etwas anderes zu sehen als überschlanke Models und ebenmäßige Gesichter. Aber Frauen müssen den Kampf aufnehmen, wollen sie nicht zulassen, daß ihr Selbstwertgefühl von Schönheitssorgen geschwächt wird. Folgender Gedanke kann Ihnen dabei helfen:

Der Schönheitskult wird als Mittel gegen die Emanzipation der Frau eingesetzt. Damit Frauen nicht noch mächtiger werden, kritisiert man ihr Aussehen, verstärkt ihre ohnehin vorhandenen Selbstzweifel und weist sie so in die Schranken. Das wird nicht nur mit anonymen Frauen versucht, auch prominente sind davor nicht geschützt. Warum muß es sich die Politikerin Heide Simonis gefallen lassen, daß man über ihre «unmöglichen» Hüte und Ohrringe lästert? Warum hat sich die Presse lobend über die schönen

Beine der TV-Moderatorin Margarethe Schreinemakers auslassen dürfen, während sie sich gleichzeitig über ihre «unerträgliche» Stimme mokierte? Warum verfaßt kein Journalist einen kritischen Artikel über die nuschelnde Aussprache des Nachrichtenmoderators Alexander Niemetz vom Heute-Journal, warum schrieb niemand etwas darüber, daß ein näselnder, aus der Form geratener Talkmaster (inzwischen hat er seinem alerten Nachfolger Stefan Aust Platz gemacht) keine Augenweide war? Die Antwort liegt auf der Hand: Das extreme Schönheitsgebot gilt nur für Frauen – und in besonderem Maße für Frauen, die sich an die Öffentlichkeit, in bislang männliche Sphären vorwagen.

Es ist wichtig, daß Sie sich diesen Mechanismus immer wieder bewußtmachen: Wenn Sie Ihrem Aussehen zuviel Bedeutung beimessen, machen Sie sich zur Handlangerin der Männerwelt, die Frauen immer noch gerne in die Schranken weist. Solange Sie denken, Ihr persönlicher Wert hänge vom Aussehen ab, solange liegt Ihr Selbstwertgefühl an der Leine. Wenn Sie es losbinden wollen, ist es unbedingt notwendig, daß Sie lernen, Ihr Äußeres zu akzeptieren. Zu diesem Ziel führen zwei Wege: Der eine geht über den Kopf, der andere über den Körper.

1. Schalten Sie Ihren Verstand ein, und ändern Sie Ihre Meinung über Schönheit.
Wußten Sie zum Beispiel, daß die weitverbreitete Meinung «Schöne Menschen haben es leichter im Leben» nicht stimmt? So ist für Frauen ein attraktives Äußeres nur dann

von Vorteil, wenn sie sich um eine untergeordnete Stellung bewerben. Sobald es sich um eine Leitungsfunktion handelt, haben sehr schöne Bewerberinnen geringere Chancen als eine eher «durchschnittliche» Frau. Attraktive Bewerberinnen bekommen von Personalchefs schnell das Etikett «zu weiblich» angeheftet, was oft noch immer gleichbedeutend ist mit «inkompetent». Ferner zeigen Studien, daß sehr schöne Frauen seltener eine Beförderung erhalten und daß ihre Leistungen weniger auf ihr Können als auf äußere Faktoren (Glück, günstige Umstände) zurückgeführt werden.

Schönere Menschen besitzen auch nicht mehr Selbstvertrauen, sie sind nicht intelligenter, sie haben nicht mehr Freunde als weniger attraktive Menschen. Ein besonders interessantes Ergebnis einer Studie: Frauen, die mit ihrem Aussehen zufrieden sind und sich für attraktiv halten (obwohl sie es nach den Maßstäben des gültigen Schönheitsideals gar nicht sind), besitzen ein stärkeres Selbstvertrauen und größere Selbstsicherheit als schöne Frauen, die trotz ihrer Attraktivität ständig etwas an sich auszusetzen haben.

Ein stabiles Selbstwertgefühl schützt also vor den Zwängen des Schönheitskultes. Wer sich seiner sicher ist, sich als kompetent und liebenswert einschätzt, der läßt sich nicht so leicht von Schönheitsstandards tyrannisieren. Womit wir beim zweiten Punkt wären, wie Sie lernen können, Ihr Äußeres zu akzeptieren.

2. Kümmern Sie sich weniger um Ihr Aussehen.
Psychologische Studien belegen, daß Frauen mit einem schwachen Selbstwertgefühl häufig ein ins Negative verzerrtes Bild vom eigenen Körper haben. In einer dieser Untersuchungen wurden die Teilnehmerinnen gebeten, die Maße einer Kiste zu schätzen. Ihre Schätzungen fielen ziemlich genau aus. Dann sollten sie angeben, wie breit ihre Hüften, ihr Brustkorb, ihre Taille sind. Sie verschätzten sich im Schnitt um 25 Prozent zu ihren Ungunsten. Sogar Frauen mit Idealgewicht oder leichtem Untergewicht hielten sich für dicker, als sie in Wirklichkeit waren.

Hauptursache für dieses verzerrte Körperbild: die ständigen Vergleiche mit den schlanken, attraktiven, sehr jungen Medienfiguren. Die Sozialpsychologie spricht von «Selbstaufmerksamkeit», wenn sich Menschen ständig mit anderen vergleichen und sich fragen, ob sie die «Standards» erfüllen, ob sie mithalten können, ob sie schön genug, klug genug sind, um mithalten zu können. Wenn Sie selbstwertstark werden wollen, dann müssen Sie Ihre Selbstaufmerksamkeit verringern und die ständigen Vergleiche einstellen. Wann immer Sie bewundernd die Fotos von Supermodels betrachten, rufen Sie sich in Erinnerung, was eine von ihnen, Cindy Crawford, einmal gesagt hat: «Die normalen Frauen bemäkeln, daß sie nicht wie Claudia Schiffer oder Cindy Crawford aussehen. Was sie nicht wissen, ist, daß wir auch nicht so aussehen.»

Maßstab für das eigene Aussehen und den eigenen Körper sollten nur Gesundheit und körperliches wie psychisches Wohlbefinden sein und nicht die Maße von Models oder Schauspielerinnen. Solange Sie sich an anderen messen, werden Sie zwangsläufig mit Ihrem Aussehen unzufrieden bleiben. Gelingt es Ihnen aber, sich im eigenen Körper wohl zu fühlen, dann verschwenden Sie nicht mehr länger Ihre Kraft und Energie für unnötige Schönheitssorgen.

Es ist gar nicht so schwierig, Frieden zu schließen mit dem, was Mutter Natur Ihnen mitgegeben hat. Einfache Methoden, regelmäßig angewandt, verhelfen zu Wohlgefühl und Selbstbewußtsein.

Bewegung: Zahlreiche Untersuchungen belegen es: Menschen, die sich regelmäßig bewegen, haben eine positivere Einstellung zu ihrem Körper als passive. Und nicht nur das: Wer sich fit fühlt, hat auch eine größere Selbstachtung und beschreibt sein Äußeres positiver als eher bewegungsfaule Personen. Was Sie konkret tun, ob Sie eine Sportart wählen, Yoga üben oder sich einfach nur häufig an der frischen Luft bewegen, ist dabei gleichgültig. Wichtig ist nur, daß zwei Faktoren erfüllt sind: Regelmäßigkeit und Spaß an der Bewegung.

Konzentrieren Sie sich auf das, was Ihnen an sich gefällt: Grübeln Sie nicht permanent darüber nach, was Sie an sich weniger gut gelungen finden. Neben den angeblich zu dicken Oberschenkeln oder der zu groß geratenen Nase gibt es ganz sicher etwas an Ihnen, mit dem Sie einverstanden sind. Erinnern Sie sich daran, wenn sich Ihre Kritiksucht mal wieder an irgendeiner körperlichen Schwachstelle festbeißt.

Ernährung: Verzichten Sie in Zukunft auf Crash-Diäten,

und stellen Sie sich höchstens einmal in der Woche auf die Waage. Sorgen Sie für eine ausgewogene, regelmäßige Ernährung. Wenn Sie wirklich abnehmen müssen (im Zweifelsfall den Arzt fragen), stellen Sie sich auf eine langsame und langfristige Ernährungsumstellung ein. Verabschieden Sie sich von einem unrealistischen Wunschgewicht, stellen Sie lieber fest, was Ihr persönliches Wohlfühlgewicht ist. Dieses können Sie folgendermaßen eruieren: Was war Ihr niedrigstes Gewicht, das Sie als erwachsener Mensch mindestens ein Jahr halten konnten? Und: Muß es wirklich Kleidergröße 38 sein? Mit welcher Kleidergröße wären Sie zufrieden?

Wann immer Sie an Ihrem Aussehen herummäkeln, sollten Sie sich eines verdeutlichen: Sie schwächen damit sich selbst. Ihre Selbstkritik ist in jedem Fall übertrieben. Und noch etwas sollten Sie wissen: So aufmerksam, wie Sie sich selbst beäugen, so aufmerksam sind andere Menschen nicht. Unsere Mitmenschen interessieren sich nämlich sehr viel weniger für unser Aussehen, als wir gemeinhin denken. Jeder ist so mit sich selbst beschäftigt, daß er kaum auf das Erscheinungsbild anderer achtet, wie der amerikanische Psychologe Kenneth Savitsky in einer Reihe von Studien nachweisen konnte. In einem Experiment mußten sich Studenten ein auffälliges T-Shirt mit dem Konterfei des Schnulzensängers Barry Manilow anziehen und sich eine Zeitlang in einem überfüllten Seminarraum aufhalten. Alle Studenten waren überzeugt davon, mit diesem Kleidungsstück Aufsehen zu erregen. Doch in einer anschließenden Befragung stellte sich heraus: Weniger als 50 Prozent der im Raum Anwesenden konnten sich an das T-Shirt erinnern.

Ähnlich unaufmerksam waren die Teilnehmer einer anderen Studie. Sie sollten angeben, ob ihre Kommilitonen am Vortag attraktiver als sonst ausgesehen hätten. Die Mehrheit war nicht in der Lage, irgendwelche Veränderungen anzugeben. Ganz im Gegensatz zu den Personen, die auf dem Prüfstand waren: *Sie* konnten sich sehr gut daran erinnern, ob sie sich am Tag zuvor besonders wohl in ihrer Haut gefühlt hatten oder ob – zum Beispiel – ihre Frisur schlecht saß, sie nicht vorteilhaft gekleidet waren oder ein Pickel ihre Nase verunzierte.

Ganz offensichtlich haben Menschen kein besonders großes Interesse am Erscheinungsbild anderer. Wir alle kennen dieses Phänomen – oder können Sie sich noch daran erinnern, was die Kollegin gestern anhatte? Sehen Sie! Diese angenehme Ignoranz sollten Sie sich immer dann vergegenwärtigen, wenn Sie mal wieder allzu unzufrieden mit sich selbst sind. Sorgen Sie sich um Ihr Wohlbefinden, Ihre Gesundheit und Ihre Zufriedenheit. Aber hören Sie auf, sich Sorgen um Ihr Aussehen zu machen. Ihr Selbstwertgefühl wird es Ihnen danken!

IX.

Du sollst deinem Erfolg nicht selber im Weg stehen

Welch ein dummes «Gebot», werden Sie jetzt vielleicht denken. Jeder Mensch möchte doch erfolgreich sein, niemand würde freiwillig Erfolglosigkeit dem Erfolg vorziehen, denn erfolglose Menschen gelten in dieser Gesellschaft nicht viel. Nicht umsonst sind Zeitschriften und Bücher voll von Ratschlägen, wie man auf sicherstem Weg sein Ziel erreicht. Und doch gibt es Menschen, die fürchten den Erfolg wie der Teufel das Weihwasser. Dummerweise wissen sie es meist nicht: Ihre Angst bleibt unterbewußt, beeinflußt aber ihre Handlungen.

Menschen, die Angst vor Erfolg haben, sind wie nervöse Rassepferde: Sie galoppieren ausdauernd, nehmen Hindernisse, überspringen breite Bäche. Doch irgendwann kommt eine Barriere, vor der sie scheuen. So furchtlos sie bislang auch ihren Weg gegangen sind, diese Hürde macht angst. Für viele selbstwertschwache Personen heißt diese Hürde «Macht», «Einfluß» oder «Veränderung».

Da ist die Sekretärin, deren Tüchtigkeit der Geschäftsleitung aufgefallen ist und die nun die Chance bekommt, sich um den Posten der Chefsekretärin zu bewerben. Sie ist nicht die einzige Anwärterin, aber sie liegt «gut im Rennen». Kurz vor dem Ziel aber bekommt sie kalte Füße: Die ungeregelte Arbeitszeit, und überhaupt gefällt es ihr bei ihrem derzeitigen Vorgesetzten ganz gut. Sie zieht ihre Bewerbung zurück.

Da ist die unzufriedene Arztfrau, die perfekt das Leben ihrer Familie organisiert und nebenbei in der Praxis aushilft. Sie weiß, daß sie mehr kann. Sie wünscht sich eine verantwortungsvolle, abwechslungsreiche Aufgabe. Als sie eine passende Stellenanzeige in der Zeitung liest, bewirbt sie sich – und wird zum Vorstellungsgespräch gebeten. Statt sich zu freuen, bekommt sie Angst und sagt den Termin ab. Zu wissen, daß sie Chancen hat, reicht ihr.

Da ist die 45jährige, die gerne mehr für ihren Körper tun würde. Jazztanz könnte ihr Spaß machen, mehr noch wünscht sie sich, Ballett tanzen zu können. Doch kaum ist der Gedanke aufgetaucht, folgt auch schon das «Aber»: «Dafür bin ich doch schon zu alt, zu unbeweglich, zu unbegabt.» Schon vor dem ersten Schritt gibt sie auf und wird so nie erfahren, wieviel Spaß ihr entgeht.

Sobald es um mehr Macht und Einfluß oder einfach nur um eine grundlegende Veränderung geht, schrecken selbstwertschwache Menschen vor dem eigenen Erfolg zurück. Sie bekommen Angst, glauben den neuen Herausforderungen nicht gewachsen zu sein. Häufig schieben sie ganz plausible Gründe vor, um ihre Angst zu verbergen: Keine Zeit mehr für die Familie, will eigentlich gar keine Karriere machen, managen gefällt mir nicht ...

Was ist der Grund für dieses seltsame Verhalten? In der Angst vor dem eigenen Erfolg kumulieren alle Denkmuster und Verhaltensweisen, die typisch sind für ein schwaches Selbstwertgefühl: die Unfähigkeit, stolz auf sich sein zu können, der Perfektionszwang, die Furcht vor Kritik, die Angst vor der Verantwortung, die negativen Gedanken über die eigenen Fähigkeiten. All das zusammengenommen führt zu einem Verhalten, das man als Selbstsabotage bezeichnen kann. Der Erfolg ist zum Greifen nahe – doch der selbstwertschwache Mensch stellt sich selbst ein Bein.

Psychologen haben herausgefunden, daß die bereits erwähnte, extrem hohe Selbstaufmerksamkeit von Menschen mit geringem Selbstvertrauen eine wesentliche Ursache für diese Selbstsabotage ist. In zahlreichen Experimenten konnte gezeigt werden, daß manche Menschen, die sich in einer Testsituation befinden, von Lob und Anerkennung nicht profitieren, im Gegenteil: Lob setzt sie unter Druck, sie fangen an, sich noch mehr zu kontrollieren, glauben, noch besser sein zu müssen. Sie beäugen sich selbst, verkrampfen sich – und ihre Leistung läßt nach.

Ein Forschungsbeispiel: Bis zum Alter von zwölf Jahren genießen es Kinder, wenn ihnen andere beim Musizieren, bei Theateraufführungen oder ähnlichem zusehen. Mit Publikum sind ihre Leistungen deutlich besser als ohne. Dies ändert sich jedoch, wenn die Kinder in die Pubertät kommen: Nun finden sie es unangenehm, wenn andere Zeugen ihrer Leistungen werden. Sie verkrampfen sich, werden unsicher und bleiben hinter ihren Möglichkeiten zurück. In dieser kritischen Lebensphase, in der sie ohnehin von Selbstzweifeln und Identitätsproblemen geplagt werden, hassen sie es, auf dem Präsentierteller zu sein. Das erhöht ihre Selbstaufmerksamkeit, und das empfinden sie als äußerst stressig, weil sie glauben, daß noch bessere Leistungen von ihnen erwartet werden.

Ähnlich denken wohl auch Menschen, die immer dann eine Psychotherapie abbrechen, wenn sie Fortschritte erzielen und ihr Zustand sich bessert. Die Psychotherapeutin Karin Horney beschrieb dieses Phänomen. Sie meinte, daß diese Patienten fürchten, nach einer erfolgreichen Therapie erhöhten Ansprüchen und Forderungen ihrer Mitmenschen ausgesetzt zu sein und diese dann nicht erfüllen zu können.

Erfolg macht also immer dann angst, wenn er mit erhöhter Selbstaufmerksamkeit einhergeht. Gerade selbstwertschwache Personen, die sich ohnehin schon ständig vergleichen, kritisieren und an sich zweifeln, können eine Erhöhung der Selbstaufmerksamkeit nicht aushalten. Erfolgserlebnissen gehen sie daher lieber aus dem Weg.

Die Angst vor dem Erfolg kann dabei verschiedene Ursachen haben:

- Die einen fürchten, daß andere dann noch mehr von ihnen erwarten und sie diesen Erwartungen nicht gerecht werden können. Gleich bei der nächsten Herausforderung werden sie kläglich versagen, davon sind sie überzeugt.
- Andere glauben, Erfolg mache sie angreifbar. Ihre herausragende Leistung katapultiert sie in das Rampenlicht – und gerade dort fühlen sich selbstwertschwache Men-

schen äußerst unwohl. Alle Blicke auf sich gerichtet, das ist ein Alptraum für alle, die nur wenig Selbstvertrauen besitzen.
- Wieder andere rechnen damit, daß ihre Mitmenschen auf ihren Erfolg neidisch sein und mißgünstig reagieren und sich von ihnen zurückziehen könnten. Sie verzichten dann lieber auf den Erfolg als auf die Neider. Ihr Selbstwertgefühl verkraftet es nicht, wenn sie sich durch ihre Erfolge von den anderen absetzen. Für sie ist der Erfolg wertlos, wenn sie fürchten müssen, die Zuneigung ihrer Mitmenschen dadurch zu verlieren.

Daß die Furcht vor dem Erfolg vor allem ein weibliches Phänomen ist, darauf haben Psychologinnen bereits in den 60er Jahren hingewiesen. Erfolgreiche Frauen, so fand man damals heraus, werden als «unweiblich» abqualifiziert und abgelehnt. Anders als erfolgreiche Männer müssen Frauen ihre Erfolgserlebnisse mit Einsamkeit und Isolation bezahlen.

Ganz sicher hat sich in den vergangenen dreißig Jahren die Situation der Frauen drastisch verändert. Waren in den 60er Jahren berufstätige Frauen noch eine Minderheit, so ist es heute selbstverständlich, daß sie gleichberechtigten Zugang zu Bildung und Berufschancen haben. Würden heute die psychologischen Studien von damals wiederholt, das Ergebnis wäre wohl ein anderes. Niemand würde mehr ernsthaft behaupten, daß Frauen fürchten müssen, für Erfolg bestraft zu werden. Und keine Frau würde die Befürchtung äußern, der Erfolg könnte sie unweiblich machen. Nein, laut sagen würde dies heute niemand mehr. Und doch: Frauen haben nach wie vor Angst vor der eigenen Stärke. Auf viele trifft zu, was Südafrikas Präsident Nelson Mandela über sein Volk gesagt hat: «Unsere größte Angst ist nicht, daß wir nichts taugen. Unsere größte Angst ist, daß wir maßlos stark sind. Es ist unser Licht, nicht unsere Dunkelheit, vor dem wir uns am meisten fürchten.»

In den letzten drei Jahrzehnten haben Frauen bewiesen, wie stark sie sein können, daß es – wenn man sie nur läßt – für sie auf keinem Gebiet «natürliche» Grenzen gibt. Diese neu gewonnene Stärke hat den Frauen aber nicht nur Freude gebracht: Sie mußten erleben, daß die Männerwelt, obwohl sie sehr wohl von ihren Fähigkeiten und Talenten profitieren könnte, das Auftauchen des weiblichen Geschlechts in ihren angestammten Revieren nicht unbedingt begrüßte, im Gegenteil: Auf dem Weg zum Erfolg wurden und werden Frauen von Männern, die um ihre Pfründe fürchten, ausgebremst. Anders als Männer haben Frauen keine Familie, die ihnen den Rücken freihält, sondern sie müssen Familie und Beruf unter einen Hut bringen. Diese Doppelbelastung und die männlichen Machtspiele und Machtstrukturen sind häufig verantwortlich dafür, wenn Frauen zum Erfolg «Nein, danke» sagen. Sie haben keine Lust, sich noch mehr Lasten aufzubürden, fühlen sich nicht in der Lage, Doppel- und Dreifachbelastungen ohne jegliche Unterstützung auf Dauer auszuhalten.

Hinzu kommt: Die Vorstellung, selbst Macht zu haben, löst bei Frauen immer noch Abwehrreaktionen aus. Viele

Frauen glauben, «Macht ist, wenn ich manipuliere, wenn ich anderen meinen Willen aufdrücke. Das möchte ich nicht, das bin ich nicht», erklärt die Psychologieprofessorin Andrea Abele-Brehm. Ihrer Ansicht nach könnten Frauen heute sehr viel mehr erreichen, würden sie nicht an einem Symptom leiden, das die Autorin Harriet Rubin als «Magersucht der Macht» beschreibt: «Eine Magersüchtige der Macht erkennt man an eindeutigen Zeichen. Sie ist von emotionaler Zartheit. Sie stimmt schnell zu und ist kaum imstande, nein zu sagen, auch wenn die Atmosphäre für sie günstig ist. Sie wischt Komplimente beiseite. Sie sagt: ‹Nein danke, ich mache das schon selbst›, wenn andere ihr helfen wollen. Sie beobachtet Machtmenschen und sucht ihre Anerkennung. Ihr Schrank ist voller Kleider in Schwarz und Beige, den Farben der Trauer und der Tarnung. Ihre Sprache verrät Abhängigkeit. Ständig führt sie Wörter wie ‹sehr› und ‹wirklich› im Munde. Sie sagt: ‹Das ist wirklich sehr gut, sehr gut›, als ob ihre Meinung so wenig zählen würde, daß sie sie überbetonen muß.»

Da sind sie wieder – die Symptome eines schwachen Selbstwertgefühls: sich nicht abgrenzen können, die eigenen Fähigkeiten unter- und die anderer überbewerten, nur nicht auffallen. Spürt eine Frau ihre eigene Stärke, merkt sie, daß sie eventuell besser sein könnte als andere, oder erkennt sie, daß ihre Vorstellungen mit denen anderer kollidieren, dann zieht sie sich schnell in ihr schützendes Schneckenhaus zurück. Lieber auf Macht und Einfluß verzichten, als sich dem harten Wind aussetzen, der fast jeden Erfolg begleitet.

Als SPD und GRÜNE nach der gewonnenen Wahl im Herbst 1998 daran gingen, die Posten zu verteilen, fühlten sich vor allem die SPD-Frauen übergangen. Sie klagten, beim Postengeschacher nicht ausreichend berücksichtigt worden zu sein. Die mit Macht verbundenen Positionen wurden weitgehend unter den Männern aufgeteilt. Verantwortlich dafür war sicher zu einem großen Teil das alte patriarchalische Denken in der SPD und die mangelnde Bereitschaft der Männer, freiwillig auf Einfluß zu verzichten. Aber ebenso verantwortlich waren die Frauen selbst: Sie hatten es im Vorfeld versäumt, ihre Bataillone rechtzeitig in Stellung zu bringen. Sie hatten es versäumt, ihren Machtanspruch rechtzeitig anzumelden und geeignete Frauen in der Öffentlichkeit aufzubauen. Die wenigen, die für einflußreiche Ämter überhaupt in Frage gekommen wären, hatten (gute?) Gründe abzuwinken, wie das Nachrichtenmagazin «Focus» (43/1998) berichtet: «Den Fraktionsvorsitz, ein einflußreiches Amt, das politisches Gespür ebenso erfordert wie Konsensfähigkeit und Arbeitswut, traute sich keine einzige Genossin zu. ‹Es paßt nicht in meine Lebensplanung›, ließ sich Anke Fuchs entschuldigen... Die Finanzexpertin Ingrid Matthäus-Maier, kampferprobt in 22 Bundestagsjahren, verwies auf atmosphärische Störungen zwischen ihr und den SPD-Matadoren. Und Ulla Schmidt, eine rheinische Frohnatur mit roten Haaren und frechem Mundwerk, will ‹lieber noch vier Jahre als Abgeordnete üben›.» Für «Focus» steht fest, daß die Politikerinnen ihre Niederlage «selbst verschuldet» haben. «Sie wollten die Macht nicht, neiden sie aber den Männern.»

Wollen Frauen die Macht wirklich nicht? Ganz so einfach ist es wohl nicht. Männer stehlen sich gerne aus der Verantwortung, wenn sie mit der Tatsache konfrontiert werden, daß trotz hoher Qualifikation die Frauen in den Machtzentralen meist an fünf Fingern abzuzählen sind. Aber eines ist nicht zu leugnen: Immer noch befinden sich Frauen in einem quälenden Zwiespalt: Sie wollen die Teilhabe an der Macht, sie wollen erfolgreich sein – doch ihre psychische Konstitution macht ihnen regelmäßig einen Strich durch die Rechnung. So würde das natürlich keine Frau ausdrücken, sondern gute und einleuchtende Argumente vorbringen (siehe oben), warum sie gerade dieses Amt, diese Aufgabe, diese Herausforderung nicht annehmen kann. In Einzelfällen mögen diese Argumente keine vorgeschobenen sein, der Mehrheit dienen sie aber als Alibi. Frauen wehren Einfluß und Erfolg ab, weil sie nicht soviel Aufmerksamkeit erregen oder Neid auf sich ziehen wollen und weil sie fürchten, dem Machtsystem, das immer noch ein männliches ist, nicht gewachsen zu sein. Systematisch machen sie die ohnehin kargen Chancen zunichte, indem sie dankend ablehnen.

Der Psychologieprofessor Robert J. Sternberg hat sich intensiv damit beschäftigt, worin sich erfolgreiche Menschen von weniger erfolgreichen unterscheiden. Er spricht von «Erfolgsintelligenz», die notwendig ist, will man seine Ziele erreichen. Frauen haben einen besonders hohen Intelligenzquotienten, wenn es um ihre soziale Intelligenz geht: Einfühlungsvermögen, Fingerspitzengefühl, Hilfsbereitschaft, Beziehungsfähigkeit – das sind ihre herausragenden Qualitäten. Noch wenig entwickelt aber ist der EQ, der Quotient ihrer Erfolgsintelligenz. Fast jede Frau hat hier Defizite; ganz besonders natürlich eine Frau, deren Selbstwertgefühl schwach ist.

Zu einem starken Selbst gehört es, erfolgreich sein zu wollen. Deshalb gilt es, systematisch die Erfolgsintelligenz zu trainieren. Wann immer Ihnen Erfolg «droht» und Sie spüren, daß Sie vor dem Erfolg am liebsten davonlaufen möchten, sollten Sie innehalten und sich folgendes vergegenwärtigen:

- Es ist völlig normal, daß Sie Angst verspüren. Doch statt sich von dieser Angst besiegen zu lassen, sollten Sie ihr folgen. Spüren Sie ihr nach: Wovor genau haben Sie Angst: vor der Aufgabe, der Herausforderung – oder den Folgen? Warum? Wenn Sie feststellen, daß Sie sich «eigentlich» für geeignet halten und Ihre Ängste nichts mit der Erfolgssituation an sich zu tun haben, stellen Sie sich der Angst. Nehmen Sie die Herausforderung an, auch wenn – bildlich gesprochen – die Knie schlottern. Nur überwundene Angst ist besiegte Angst. Schon beim nächstmöglichen Erfolgserlebnis werden Sie mutiger zugreifen.
- Hören Sie immer auf Ihre innere Stimme. Von manchen Erfolgsangeboten sollten Sie wirklich die Finger lassen: Immer dann, wenn eine Aufgabe nicht Ihren wirklichen Zielen entspricht, wenn Sie Gefahr laufen, sich von sich selbst zu entfernen, sollten Sie verzichten. Sagt Ihre in-

nere Stimme Ihnen aber, daß die gebotene Chance eine wichtige Entwicklungsmöglichkeit für Sie bedeutet, sollten Sie alle «Wenn» und «Aber» beiseite schieben und die Chance nutzen.
- Rechnen Sie mit Mißerfolgen und Rückschlägen. Fürchten Sie sich nicht vor Verletzungen. Wer erfolgreich sein will, muß sich in den Kampf begeben. Nur sehr selten erreichen Sie Ihr Ziel ohne Blessuren. Erfolgsintelligente Menschen kalkulieren dies immer mit ein. Sie begrüßen Fehler und Fallen und sinnvolle Herausforderung; beides bringt sie in ihrer Entwicklung voran.
- Akzeptieren Sie, daß Erfolg in den meisten Fällen auch einsam macht. Es muß nicht immer Mißgunst sein, wenn weniger Erfolgreiche von Ihnen abrücken. Auch Respekt und Achtung schaffen Distanz. Umgekehrt brauchen Sie diese Distanz, wollen Sie erfolgreich Ihre Ziele erreichen. Wenn Sie zuviel Rücksicht nehmen, es anderen immer recht machen und bei ihnen beliebt sein wollen, werden Sie den Erfolg immer nur von weitem sehen.
- Erwarten Sie Kritik. Ob berechtigt oder unberechtigt – Kritik wird nicht ausbleiben, wenn Sie sich ins «Rampenlicht» wagen. Wie Robert J. Sternberg festgestellt hat, sind erfolgsintelligente Menschen in besonderer Weise kritikfähig. Berechtigte Kritik erschüttert sie nicht in ihrem Innersten, sondern spornt sie an; empfinden sie Kritik als unberechtigt, legen sie diese möglichst schnell zu den Akten.
- Erfolgreiche Menschen warten nicht ab, bis ihnen eine

Chance geboten wird. Sie zeigen Eigeninitiative, bringen sich ins Gespräch, preisen sich an und signalisieren: Ich bin bereit! Wenn Sie immer nur in der sicheren, aber langweiligen zweiten Reihe auf einen «Ruf» warten, können Sie lange warten.

Wann immer Sie in «Erfolgsgefahr» kommen, machen Sie sich klar: Sie sind nicht selbstsüchtig oder egoistisch, wenn Sie sich für Ihre Interessen und Ihre Ziele einsetzen. Erfolgreich sein zu wollen ist eine wichtige, wenn nicht die wichtigste Voraussetzung für ein starkes Selbst. Der Erfolg zeigt Ihnen: Ich bin etwas wert. Und dieses Gefühl wiederum läßt Ihr Selbstvertrauen wachsen. Je öfter Sie Ihre Ziele erreichen, desto mehr neue Herausforderungen nehmen Sie an. Das beste Mittel, um sich vor Selbstzweifeln zu schützen!

X.

Du sollst auch dir selbst Gutes tun

Wenn Sie sich entschlossen haben, nicht mehr länger auf Ihrem Selbstwertgefühl herumtrampeln zu lassen (oder selbst darauf herumzutrampeln), wenn Sie bereit sind, sich tagtäglich an die beschriebenen neun Gebote zu erinnern, dann sind Sie auf dem besten Weg zu einem starken Selbst. Bei allem aber, was Sie tun, dürfen Sie das letzte und wichtigste Gebot auf keinen Fall vernachlässigen. Das Gebot «Du sollst dir selbst Gutes tun» hilft Ihnen, immer wieder einen gesunden Abstand zu den Anforderungen des Alltags, Ihren eigenen Ansprüchen und Ihrer Unerbittlichkeit zu finden. Es hilft Ihnen, lockerzulassen und entspannt den «Dingen des Lebens» ins Auge zu sehen. Eine entspannte Haltung, das klang auch bei den vorangegangenen Geboten immer wieder an, ist eine wichtige Voraussetzung für ein stabiles Selbstwertgefühl.

Ständiges Nachgrübeln über sich selbst, Selbstvorwürfe und Selbstzweifel bedeuten Streß. Und Streß, das ist längst bekannt, ist nicht nur die Hauptursache vieler Krankheiten, sondern kann auch psychische Probleme wie Ängste und Depressionen auslösen. Immer wenn wir uns überfordern – und das tun wir, wenn wir an uns zweifeln –, läuft in unserem Körper ein Streßprogramm ab: Der Blutdruck steigt, die Muskelspannung nimmt zu, ebenso die Herzschlagrate und so weiter. Diese Streßreaktion ist angeboren und dient eigentlich einem guten Zweck: Unsere Vorfahren wurden auf diese Weise vor Gefahren gewarnt und konnten rechtzeitig mit Flucht oder Kampf reagieren. Heute wird die Streßreaktion nur noch selten durch äußere Gefahren ausgelöst als vielmehr durch «innere» Vorgänge: Überlastung, Hektik, negative Gedanken, Perfektionismus, Sorgen und viele psychische Vorgänge mehr können das Streßprogramm des Körpers starten. Ob Sie sich ständig über Ihren Partner ärgern oder andauernd über sich selbst nachgrübeln – dieser Streß versetzt Sie in Aufruhr. Für unsere Gesundheit und unsere Psyche ist dies aber längst nicht mehr von Vorteil. Da es nur äußerst selten um «flüchten» oder «kämpfen» geht, werden die mit der Streßreaktion verbundenen physiologischen Körperreaktionen nicht abgebaut, die Aufregung legt sich nicht von selbst.

Um uns selbst zu befrieden, müssen wir aktiv gegensteuern, indem wir ganz gezielt eine «Entspannungsreaktion» auslösen. Wie die beschriebene Alarmreaktion des Körpers auf Streß ist auch die «Entspannungsreaktion» angeboren. Allerdings gibt es zwischen der Streßreaktion und der Entspannungsreaktion einen wesentlichen Unterschied: Die Streßreaktion läuft völlig automatisch ab; die Entspannungsreaktion dagegen müssen wir aktiv herbeiführen. Der Körper alleine ist nicht weise genug, dieses Anti-Streß-Programm aufzurufen, er braucht bestimmte Signale, um entsprechend reagieren zu können. Und diese Signale müssen wir ihm geben.

Zwei Voraussetzungen müssen gegeben sein, damit die «Entspannungsreaktion» ausgelöst wird und Sie eine erholsame Distanz zum Alltag und auch zu sich selbst finden können:

1. Sie müssen richtig atmen.
2. Sie müssen alle störenden Gedanken ausblenden.

Prüfen Sie sich selbst: Wie atmen Sie? Sind Ihre Atemzüge lang oder kurz? Atmen Sie gleich lang aus und ein, oder ist eine Phase länger als die andere? Haben Sie das Gefühl, nicht genug Luft zu bekommen? Wie bewegen Sie Brustkorb und Bauch, wenn Sie atmen?

Mit großer Wahrscheinlichkeit atmen Sie falsch. Kein Wunder, wenn Sie voller Anspannung und Angst durchs Leben gehen. Selbstwertschwache Menschen sind häufig auch verspannte und angespannte Menschen. Sie praktizieren die Brustatmung und nicht die entspannungsfördernde Zwerchfellatmung. Um lockerer zu werden, dürfen Sie nicht in den Brustkorb atmen, sondern in den Bauch. Legen Sie eine Hand auf den Bauch direkt unter den Nabel. Wenn Sie einatmen, muß sich die Hand heben; wenn Sie ausatmen, senkt sie sich. Dies ist das sicherste Zeichen dafür, daß Sie richtig atmen.

Wenn Ihre Atmung stimmt, gilt der nächste Schritt Ihren störenden Gedanken. Entspannung kann nur gelingen, wenn Sie sich von Ihren sorgenvollen und grüblerischen Gedanken à la «War ich gut genug? Habe ich mich blamiert? Was könnte ich besser machen?» trennen. Zu diesem Zweck ist es hilfreich, wenn Sie sich auf ein bestimmtes Wort oder eine Zahl konzentrieren, die Sie im stillen vor sich hinsagen. Zum Beispiel könnte die Zahl «Eins» ein solcher Anker sein. Sobald negative Gedanken auftauchen, beschäftigen Sie sich nicht damit, sondern klammern Sie sich gedanklich an Ihr Ankerwort.

Folgende Übung sollten Sie am besten täglich, mindestens aber zweimal pro Woche 10 bis 20 Minuten lang durchführen, um eine Entspannungsreaktion auszulösen:

1. Wählen Sie Ihr persönliches Ankerwort.
2. Sitzen Sie ruhig in einer bequemen Position.
3. Schließen Sie die Augen.
4. Entspannen Sie die Muskeln.
5. Atmen Sie langsam durch den Bauch ein und aus.
6. Werden Sie völlig passiv. Denken Sie nicht darüber nach, ob Sie die Übung richtig machen. Wenn andere Gedanken auftauchen, registrieren Sie diese aber. Kehren Sie dann gleich zu Ihrem Ankerwort zurück.

Wenn Sie nicht immer Zeit für diese ausführliche Entspannungsübung finden, gewöhnen Sie sich Mini-Übungen an, um sich auch im Alltag immer wieder kleine Entspannungsinseln zu schaffen. Machen Sie immer dann drei Zwerchfell-Atemzüge, wenn Sie feststellen, daß Sie gegen eines der

Selbstwert-Gebote verstoßen: Wenn Sie zu kritisch mit sich sind, wenn Sie sich klein und unbedeutend fühlen, wenn Sie ein schlechtes Gewissen bekommen, wenn es Ihnen nicht gelingt, sich durchzusetzen, wenn Sie Angst vor Herausforderungen verspüren, kurz: wann immer Sie merken, daß Sie sich von sich selbst entfernen, atmen Sie bewußt mit dem Zwerchfell.

Oder ziehen Sie sich zurück, und machen Sie eine *Geh-Meditation*. Nehmen Sie sich zehn Minuten Zeit. Suchen Sie sich einen Platz, an dem Sie ungestört sind. Setzen Sie langsam einen Fuß vor den anderen, rollen Sie den Fuß von der Ferse zum Zeh langsam ab. Konzentrieren Sie sich auf die Empfindungen, die das Gehen und die Berührung der Fußsohle mit dem Boden hervorrufen. Wenn Gedanken kommen: akzeptieren, loslassen und sich wieder auf die Füße konzentrieren.

Wenn Sie regelmäßig die Entspannungsreaktion auslösen, sorgen Sie auf ideale Weise für Ihre körperliche Gesundheit, wie Herbert Benson, Professor für Verhaltensmedizin an der Harvard Medical School und «Entdecker» der Entspannungsreaktion herausgefunden hat: Spannungskopfschmerzen und chronische Schmerzen werden gelindert, Sie schlafen besser, der Blutdruck normalisiert sich, Ängste und Depressionen verschwinden. Aber nicht nur die körperliche Gesundheit profitiert: Sie bekommen auch einen klareren Kopf. Die Aufnahmefähigkeit des Gehirns wird besser, Konzentrations- und Leistungsfähigkeit nehmen zu. Je selbstverständlicher die Entspannungsreaktion zu Ihrem Leben gehört, desto gelassener werden Sie auch. Sie gewinnen langsam, aber sicher die Kontrolle über Ihr Leben zurück. Wer sich auf das Abenteuer Entspannung einläßt, fühlt sich nicht mehr länger wie ein «tanzender Korken auf dem Meer des Lebens», verspricht Herbert Benson. Für selbstwertschwache Menschen ist die Entspannungsreaktion daher eine ideale Methode, um sich von den eigenen Selbstzweifeln zu distanzieren und wieder festen Boden unter den Füßen zu bekommen.

Schluß

Ein starkes Selbstwertgefühl ist die Grundlage für psychische Gesundheit, Erfolg und Lebenszufriedenheit. Doch gerade in der heutigen Zeit ist es besonders schwierig geworden, diese Selbststärke zu entwickeln. Auch Menschen, die in ihrer Kindheit die in der Einleitung erwähnten wichtigen Bausteine des Selbstwertgefühls vermittelt bekamen, können durchaus unsichere Erwachsene sein. Denn die Zeit, in der wir leben, verlangt uns viel ab – an Mut, Durchsetzungsfähigkeit und Entschlußkraft. Wir sind, das müssen wir immer wieder erfahren, im Grunde sehr auf uns allein gestellt.

Das gilt nicht nur für Alleinlebende und Einsame, auch Menschen, die in Partnerschaften und Familienverbänden leben, müssen ihr Leben weitgehend alleine regeln. Ständig gilt es, Entscheidungen zu treffen und die Anforderungen des Alltags «auf die Reihe» zu bekommen. Kaum jemals nimmt uns jemand etwas ab. Kein Wunder, daß sich viele abgehetzt und ausgebrannt fühlen. «Ich denke manchmal, ich schaffe das alles nicht mehr», diese Klage ist immer häufiger zu hören. Da soll man im Beruf ständig seinen Mann und seine Frau stehen, da will das Privatleben organisiert werden, die Wohnung soll in Schuß sein, die Kinder fordern ihre Zuwendung, und immer häufiger brauchen wir Zeit und Energie für unsere alten Eltern. Wir haben viel am Hals.

Statt in dieser Situation der Überforderung das einzig Richtige zu tun und uns «Auszeiten» zu verschaffen, machen wir genau das Gegenteil. Wir setzen auf diese Überforderung noch eins drauf, indem wir uns selbst auch noch überfordern. Wenn wir glauben, unsere Pflichten nicht mehr angemessen erfüllen zu können, vergleichen wir uns mit anderen, die das angeblich sehr viel besser schaffen als wir, und stellen fest: Es liegt an uns, wir sind schuld, daß wir uns so müde und erschöpft, so mutlos und ausgelaugt fühlen. Für Menschen, die bereits ein schwaches Selbstwertgefühl besitzen, bedeutet dieser Gedanke, daß sie sich noch schlechter fühlen; andere, die eigentlich ein ganz stabiles Selbst haben, graben ihrer Stärke durch die ständige Überforderung selbst ein Grab: Irgendwann wird auch sie der Mut verlassen, irgendwann werden auch sie glauben, sie seien nicht viel wert.

Eine ziemlich fatale Entwicklung. Denn nichts haben wir in dieser Zeit, in der die Aufforderungen «Du mußt» und «Du sollst» geradezu auf uns niederprasseln, nötiger als ein starkes Selbst. Der Psychotherapeut Nathaniel Branden stellt ganz klar fest: «Die Stabilität, die wir in der Welt nicht finden, müssen wir in uns selbst schaffen.» Wenn wir selbst unsere größten Kritiker sind und uns ständig in Frage stellen, dann brauchen wir uns nicht wundern, daß es uns nicht allzu gut geht. Viele sogenannte Zeitkrankheiten wie Angststörungen und Depressionen sind zu einem großen Teil mit verursacht durch uns selbst. Für alles mögliche haben wir Verständnis, wir sind schnell bereit, die Fehler und Schwächen anderer zu entschuldigen, und wir tun alles, damit sie uns lieben. Was aber sind wir bereit, für uns selbst zu tun? Für unsere innere Stärke, unsere Stabilität? Wieviel Energie bringen wir auf, um uns jene Stabilität zu verschaffen, die uns schützt: vor Streß, vor Selbstzweifeln, vor Versagensängsten?

«Jahrelang war ich voller Verachtung für Frauen, deren Ambitionen nicht meinen Normen entsprachen», schreibt die Autorin Colette Dowling selbstkritisch. «Sie trieben sich selbst nicht hart genug an, wählten den Weg des geringsten Widerstands, begnügten sich mit niederen Rängen. ‹Wir haben nichts miteinander gemein›, so dachte ich hochmütig. Heute weiß ich, daß das, was ich empfand, in Wirklichkeit maskierter Neid war. Was gab jenen Frauen das Recht, sich zu entspannen und guter Dinge zu sein, während ich mich selbst bis an den Rand der Erschöpfung trieb?» Erst als sich ihre erwachsene Tochter gegen ihre hohen Ansprüche und ihren Perfektionismus zur Wehr setzte, erkannte Dowling, daß sie herunter mußte von ihren «Stelzen», sprich: ihre übertriebenen Anforderungen an sich selbst über Bord werfen mußte. «Was ich heute empfinde, vielleicht zum erstenmal in meinem Leben, ist ein Gefühl von Wohlbefinden, das daher kommt, daß ich die schlichte, alte Colette akzeptiere ... Zum erstenmal habe ich das Gefühl, nicht fehl am Platze zu sein, sondern dort, wo ich hingehöre. Ich habe die richtige Größe, das richtige Alter, das richtige Geschlecht.»

Auch Sie können von Ihren «Stelzen» absteigen und Abschied nehmen von Ihren überhöhten Ansprüchen an sich selbst, von Ihren quälenden Selbstzweifeln und Ihrer fatalen Selbstkritik. Die «10 Gebote für ein gutes Selbstwertgefühl» werden Ihnen helfen, sich wieder auf sich selbst zu besinnen. Die «Gebote» erinnern Sie daran, wie wichtig es ist, mit sich selbst freundlich zu sein und immer dann bei sich selbst ein gutes Wort einzulegen, wenn Sie ins Schußfeld Ihrer eigenen Kritik geraten sind. Machen Sie die «Gebote» zu Ihrem ständigen Begleiter, lesen Sie sie bei Bedarf immer wieder, vor allem jene, die gerade auf Sie besonders zutreffen. Ein starkes Selbst entwickelt sich nicht von heute auf morgen und ganz sicher nicht nach der einmaligen Lektüre dieses Buches. Wann immer Sie an Ihrem eigenen Wert zweifeln, warten Sie nicht, daß andere Ihnen diese Zweifel nehmen. Das können Sie selbst am besten, indem Sie lernen, über sich selbst anders zu denken:

«Ich bin stolz auf mich!»
«Ich sage nein!»
«Ich muß nicht perfekt sein!»
«Ich habe kein schlechtes Gewissen!»
«Ich bin verantwortlich für mich!»
«Ich bin in Ordnung, wie ich bin!»
«Ich setze mich durch!»
«Ich habe keine Angst vor dem Erfolg!»
«Ich sorge für mich!»

Wenn Sie nach diesen «10 Geboten des Selbstwertgefühls» leben, dann werden Sie sich nicht mehr fehl am Platze fühlen, und Sie werden kein «tanzender Korken auf dem Meer des Lebens» sein, sondern mit beiden Beinen fest auf der Erde stehen. Sie werden erkennen, daß Zufriedenheit und Glück einem Menschen nicht in die Wiege gelegt sind, sondern daß wir sie uns ein Leben lang – immer und immer wieder – regelrecht erarbeiten können. «Glücklichsein ist die Fähigkeit, den Dingen, die du hast, Wert beizumessen», meinte der Hypnotherapeut Milton Erickson. Sie haben sich – und das ist ein großer Wert!

Literatur

Branden, Nathaniel: *Die sechs Säulen des Selbstwertgefühls. Erfolgreich und zufrieden durch ein starkes Selbst.* Kabel, Hamburg 1995

Dowling, Colette: *Perfekte Frauen.* S. Fischer, Frankfurt/Main 1989

Harris, Judith Rich: *The nurture assumption. Why children turn out the way they do.* Free Press, Boston 1998

Nestmann, Frank, Christiane Schmerl (Hg.): *Frauen – das hilfreiche Geschlecht.* Rowohlt, Reinbek 1991

Nuber, Ursula: *Schöner werden wir morgen. Eine Ermunterung, so zu bleiben, wie wir sind.* Scherz Verlag, Bern 1997

Nuber, Ursula: *Der Mythos vom frühen Traum. Über Macht und Einfluß der Kindheit.* S. Fischer, Frankfurt a. M. 1995

Rubin, Harriet: *Machiavelli für Frauen.* Krüger Verlag, Frankfurt a. M. 1998

Steinem, Gloria: *Revolution from Within. A Book of Self-Esteem.* Little Brown and Company, Boston, Toronto, London 1991 (dt: *Was heißt schon emanzipiert. Meine Suche nach dem Feminismus.* Hoffmann und Campe, Hamburg 1993)

Tannen, Deborah: *Zu bescheiden, zu einfühlsam, zu erfolglos. Ein Gespräch.* In Psychologie Heute, 2/1995

Sternberg, Robert J.: *Erfolgsintelligenz.* Lichtenberg Verlag, München 1998

Tschirhart, Linda Sanford, Donovan, Mary Ellen: *Frauen und Selbstachtung.* Ingrid Klein Verlag, Hamburg 1994

Eva Wlodarek
Go!
Mehr Selbstsicherheit gewinnen
288 Seiten. Gebunden

Selbstsicherheit ist für Frauen ein großes Thema: Sie stehen mitten im Leben, sind kompetent und leisten viel und kennen ihre Stärken und Möglichkeiten. Trotzdem leiden sie unter Unsicherheiten, Selbstzweifeln und wünschen sich wirkungsvolle Methoden, um sich souverän vor Angriff und Kritik zu schützen.

Eva Wlodarek zeigt, wie Sie Ihr Denken, Handeln, Sprechen und Auftreten verändern und sich wehren können. So werden Sie überzeugend selbstsicher und souverän in allen Lebenslagen.

Krüger Verlag

Der neue Bestseller von Ute Ehrhardt

Ute Ehrhardt
Die Klügere gibt nicht mehr nach
Frauen sind einfach besser
224 Seiten. Klappenbroschur

›Gute Mädchen kommen in den Himmel, böse überall hin‹.
Ute Ehrhardts prägnante Analyse ist zum Buch-Klassiker geworden.
Jetzt zeigt sie den Frauen, wo ihre Stärken und Chancen liegen: das
»schwache« Geschlecht ist längst stark geworden. Der weibliche
Vorsprung ist bedeutender als viele erwarten. Unsere Bescheidenheit
hat uns zu lange die Augen verschlossen, doch unsere weiblichen
Vorzüge sind heute gefragt.
Frauen haben in vielen Auseinandersetzungen den längeren Atem
und könnten die wirklichen Gewinner sein. Doch das will die zögerliche Seele der Bescheidenen (noch) nicht erkennen. Oft bremsen sie
sich selbst aus, verspielen ihre Chancen und wollen gar nicht so genau
wissen, was wirklich in ihnen steckt.
Dass sie sich ihre Lebenslust und ihre Freude am Erfolg schmälern,
das bemerken sie spät. Während Männer einen Kult des »Ich bin der
Größte« entwickeln, machen Frauen sich klein.
»Ich kann es.« Diese Kraft, die Freude an der eigenen Lebenstüchtigkeit, das erleben sie zu selten.
Es gilt, Fakten zu schaffen, statt sich vor vollendete Tatsachen stellen
zu lassen. Die Devise lautet: »Zupacken statt zögern«. Frauen müssen
den Mut finden, sich der eigenen Talente bewusst zu werden und sie
für ihre Lebensfreude nutzen. Es ist an der Zeit, aus dem Schatten zu
treten. Und nachgeben, wenn SIE die bessere Lösung hat, das wäre
einfach widersinnig. – Wir haben zu lange still gehalten.

Krüger Verlag